Dr. phil. Jutta Meise

Angekommen

Times of Light and Darkness

1. Auflage, April 2024

Lektorat: Gesina Stärz, Holzkirchen

Herstellung: BoD – Books on Demand, Norderstedt

ISBN: 978-3-00-078045-5

Prolog

Dieser verfluchte Hund, murmelte er vor sich hin.

Und korrigierte sich im selben Atemzug. Hunde, seine Lieblingstiere, waren soziale Wesen, die ihren Artgenossen niemals an die Gurgel gehen würden. Zumindest nicht aus Machthunger. Ein *Halunke,* dieses Wort würde es schon eher treffen. Denn so einer war Vladimir Putin, hatte er doch heute, in aller Frühe, die Ukraine mit Panzern überrollt. *Es kann der Frömmste nicht in Frieden leben, wenn es dem bösen Nachbarn nicht gefällt.* Das Zitat war von Schiller. Aber aus welchem Schauspiel? War es *Wilhelm Tell* gewesen? Er erinnerte sich nicht mehr. Schließlich lag seine Schulzeit mehr als ein halbes Jahrhundert zurück.

Nach der Schreckensnachricht hatte Robert beschlossen, den Vorrat an Grundnahrungsmitteln aufzustocken, man wusste ja nie. Um diese Uhrzeit war der Parkplatz des Discounters gewöhnlich überschaubar, doch heute schienen viele so zu denken wie er. Er parkte seinen Corsa, setzte die FFP2-Maske auf und ging zu den Einkaufswagen. Doch er war nicht bei der Sache. In seiner Wut auf den russischen Despoten vergaß er, den Haltegriff seines Wagens zu desinfizieren. Und zuhause, nachdem er die Lebensmittel ins Haus getragen hatte, würde er noch etwas vergessen. Obwohl es in diesen Zeiten so wichtig gewesen wäre. Aber in Gedanken war er bei der weltpolitischen Entwicklung. Und nicht bei vorbeugenden Maßnahmen.

Robert ahnte Schlimmes. Ob dieser Angriff auch für Deutschland Folgen haben mochte? Er konnte nicht wissen, dass das Unheil auf ganz andere Weise über sein Leben hereinbrechen würde.

ERSTER TEIL Kladderadatsch

Kladderadatsch

Chaos, heilloses Durcheinander nach einem Zusammenbruch

(*Vergessene Wortschätze,* DUDEN-Kalender 2022)

Erstes Kapitel

»Schau mal, Hanna, das ist bestimmt was für dich!«

Seitdem Robert nicht mehr im Berufsleben stand, las er beim Frühstück ausgiebig die Tageszeitung. Auch seine Frau hätte dazu jetzt Muße haben können, doch dem war nicht so. Morgens hatte Hanna Hummeln im Hintern. Denn der schwarze Tee, der ihre Lebensgeister weckte, machte sie zugleich wibbelig. Sodass sie unbedingt mit ihrem Tagesprogramm loslegen wollte. Nur wenn es um ihr Steckenpferd ging, nahm sie sich alle Zeit der Welt. Heimatgeschichte interessierte sie. Weshalb Robert ihr oft entsprechende Zeitungsseiten über den Esstisch schob. Heute war es nicht anders. Mit seinem verschmitzten Lächeln, in das sie sich vor 34 Jahren im Lehrerzimmer verliebt hatte, signalisierte er, dass es sich um einen ganz besonderen Artikel handeln würde.

Als Hanna die fette Überschrift erblickte, freute sie sich wie eine Schneekönigin. Das wurde ja auch langsam Zeit! Schon einige Wochen lag es zurück, dass sie in einer mutigen Minute die Lokalredaktion angerufen und von ihrem Buchprojekt erzählt hatte. Demnächst gebe es doch das Stadtjubiläum, ein idealer Anlass, um über die hiesige Einkaufsstraße zu schreiben. Von deren Anfängen bis in die Gegenwart. Die Journalistin war sofort ganz Ohr. Weil Hanna betonte, dass sie nicht wiederzukäuen beabsichtige, was man bereits nachlesen könne. Nein, das hatte sie nicht vor. Stattdessen war sie auf der Suche nach Zeitzeugen, die ihr unbekannte Geschichten zu den vielen Geschäften erzählen konnten. *Darüber* werde die Zeitung definitiv berichten, versprach man ihr. Ob die private Telefonnummer herausgegeben werden dürfe? Das sei vollkommen in Ordnung, antwortete Hanna. Und dann wartete sie vergeblich. Bis zum heutigen Tag. Endlich war der Bericht erschienen, nahezu seitenfüllend und in Farbe, als würde man für den verspäteten

Drucktermin Abbitte leisten. Selbst das Foto, das Robert geschossen hatte, prangte mitten auf der Seite. Sympathisch, wie sie hoffte, und selbstbewusster, als sie sich fühlte, hatte Hanna in die Kamera gelächelt. Diese Frau wolle man gerne anrufen, sollten die Leute denken.

Das Buch, wenn es fertig wäre, würde bereits ihre zweite Veröffentlichung sein. Sich auf Spurensuche zu begeben, das lag ihr - auch im privaten Bereich. Vor einiger Zeit hatte sie Nachforschungen über ihre verstorbene Zwillingsschwester angestellt. Sie waren Frühchen gewesen, doch Heidrun hatte den Tag ihrer Geburt nicht überlebt. Ein Tabu-Thema in der Familie. Irgendwann hatte Hanna es wissen wollen. Was war im Kreißsaal passiert? Zuerst recherchierte sie nur, dann begann sie, wie einer Eingebung folgend, von den traurigen Fakten, die sie herausgefunden hatte, abzuweichen. Und sie stellte sich vor, wie wunderbar es wäre, wenn sie zu ihrer Schwester Kontakt aufnehmen könnte. Du mit deinem Spintisieren, hätte ihre Oma Martha, Gott hab sie selig, dazu gesagt. Ja, Hanna neigte zur Spiritualität. Aber ihre zweite Publikation sollte ein Sachbuch werden, das hatte sie sich fest vorgenommen. Um allen zu beweisen, dass sie eine ernsthafte Autorin war.

Robert und Hanna ergänzten sich nicht nur am Frühstückstisch. In ihrer Doppelhaushälfte erledigte er das Handwerkliche, kaufte ein und kochte, während sich Hannas Begeisterung für diese Tätigkeit sehr in Grenzen hielt. Von dem Grundkurs »Hauswirtschaft«, den sie auf dem Gymnasium belegt hatte, war nicht viel hängen geblieben. Normalerweise würden Mütter das traditionelle Haushaltswissen an die Töchter weitergeben, doch ihre Mama hatte, als Hanna 17 war, nur noch im Krankenhaus gelegen, so dass sie sich nichts mehr von ihr abgucken konnte. Also kochte die nette Nachbarin für die Schülerin mit, ihr Vater ging in die Werkskantine der *Deutschen Bundesbahn*. Und am Wochenende gab es Eintöpfe von *Erasco*. Böse Zungen könnten behaupten, dass ihre erste Ehe deswegen scheiterte, aber das stimmte nicht. Hanna war in jeglicher Beziehung blauäugig gewesen. Ein Ehemann als Ersatz für die verstorbene Mutter? Das funktionierte nicht. Zu zweit allein, so fühlte sich Hanna. Auch was die Erziehung von Tochter Emma anging.

Nach der Scheidung aß Emma in der Kita und Hanna verpflegte sich mittags irgendwie, ansonsten standen *Miracoli* & Co. auf dem Speiseplan. Das änderte sich, als Robert in ihr Leben trat. Es gab kein Fertigfutter mehr, weil er »richtig« kochte. Und die aufgeweckte Achtjährige schloss Mamas neuen Lover direkt in ihr Herz. Robert, als Pädagoge den Umgang mit Kindern gewohnt, fand sich schnell in seine neue Rolle hinein. Eine zauberische Zeit sollte für die Drei anfangen.

Inzwischen lag die Silberne Hochzeit hinter ihnen. Und immer noch teilten sie sich den Haushalt. Robert liebte es, Klavier zu spielen, während Hanna recherchierte und schrieb. Und was sie aufs Papier brachte, las er Korrektur. Auch um die Versorgung ihrer Mieze kümmerten sich beide. Morgens stellte Hanna Renée das Trockenfutter hin, Robert leerte abends das Feuchtfuttertütchen in ihren Napf. Vor dem glibberigen Fisch in Gelee, der sie an die selbst gekochte Schweinskopfsülze ihrer anderen Oma erinnerte, ekelte sich Hanna ein bisschen.

Seit ihr gemeinsamer Sohn Philipp nicht mehr zuhause lebte, wurde weniger aufwändig gekocht. Nach der Uni war er für längere Zeit in Japan gewesen, hatte dort gearbeitet und war durchs Land gereist. Diese Eigenständigkeit mochte er hinterher nicht mehr aufgeben, weshalb er in eine Wohngemeinschaft gezogen war. In einer westfälischen Universitätsstadt, wo er weiter studieren wollte. Alle zwei Wochen, wenn er die Eltern besuchte, standen seine Leibspeisen auf dem Plan. Hausmannskost wie Graupensuppe kam besonders gut an. Zwischen der Tochter, die seine Frau mit in die Ehe gebracht hatte und dem eigenen Sohn versuchte Robert keinen Unterschied zu machen, was nicht einfach war. Dass Philipp seine Gene besaß, daran wurde er bei jedem Blick erinnert. Nie hätte er einen Vaterschaftstest anstrengen müssen, so ähnlich waren sich die beiden. Mittlerweile hatte Emma, mit ihrem Markus verheiratet, ihn zum glücklichen Zweifach-Opa gemacht. Eine Patchworkfamilie, die nicht nur am Heiligabend harmonierte.

Angefangen hatte es in Hannas Ausbildungsschule.

War es wirklich Zufall gewesen, dass sie dort gelandet war? Zig Schulen hätten im Einzugsbereich des Studienseminars zur Auswahl gestanden, aber man hatte ihr Roberts Schule zugewiesen. Nein, Zufälle kamen in Hannas Welt nicht vor. Alles passierte so, wie es passieren sollte. Wie Gott oder das Schicksal es wollten. *Die Chance, dass wir beide uns treffen, ging gegen Null und doch stehen wir jetzt hier.* Wann immer dieses Lied im Radio gespielt wurde, musste sie an die Rede von Roberts Rektor denken. Dass man eine Ehe gestiftet habe, sei ein Novum in der langjährigen Schulhistorie, hatte er gesagt, als die frisch Verheirateten zu einer nachträglichen Feier im Lehrerzimmer einluden.

Und wenn sie nicht gestorben sind, dann leben sie noch heute.

Sterben? Die Vorstellung von Endlichkeit behagte Hanna nicht. Als ehemalige Englischlehrerin wusste sie, wie der Satz in der Übersetzung des Grimm'schen Märchens hieß: *And they lived happily ever after*. Das Leben zu betonen und nicht das Sterben, das gefiel ihr eindeutig besser. Weil sie nicht nur spirituell, sondern auch abergläubisch war.

Vor geraumer Zeit hatte sie, als sie einmal das Grab ihrer Eltern besuchte, ein Paar auf dem Friedhof beobachtet, das bereits in die Jahre gekommen war. Die Frau stützte sich auf einen Stock, während der Mann ihren anderen Arm nahm und sie unterhakte. Sehr liebevoll, fürsorglich, als wenn sie immer noch verliebt seien. Hanna hatte vor Rührung geseufzt. So wollte auch sie mit Robert alt werden. Und all diese Beschwerden, die mit dem Alter kamen, mochte sie sich nicht ausmalen, aber zu zweit ließ sich vieles, fast alles meistern.

Alte Liebe rostet nicht. Ja, so würde es sein.
Warum auch nicht?

Ihr Scherflein an Nackenschlägen hatte Hanna schon intus. Der vorzeitige Tod ihrer Mutter und die kaputte erste Ehe, aus der die alleinige Verantwortung für Emma erwachsen war - das alles hatte sie belastet. Aber *Gott würfelt nicht*, würde Einstein dazu sagen. Worte, von denen auch Hanna überzeugt war. Gott verfolgte einen großen, für die Menschen nicht immer einsichtigen Plan. Gott fällte Entscheidungen, die für die Menschen wie Zufälle aussehen mochten. Ob Gott, statt zu würfeln, rechnen würde, fragte sich Hanna einmal. Vielleicht stellte er ja Lebensgleichungen auf. Das und das und das aus Hannas Vergangenheit, das kam auf die eine Seite. Als X-Wert sozusagen. Und dann hatte er, als Y-Wert, Robert auf die andere Seite platziert. Als ein Gegengewicht, das Hannas neues Leben in der Waage hielt. Weil sie es verdient hatte.

Wie es jetzt war, konnte es bleiben.
So war es gut.

Zweites Kapitel

Wohlig räkelte sich Hanna und streckte sich in alle Richtungen, wie es Renée in ihrem Katzenkörbchen machte. Vorwitzige Spätsommerstrahlen hatten sie wach gekitzelt. Rasch warf sie einen Blick auf Robert, der sich nicht rührte und schälte sich behutsam aus den Decken. Früher hatte er meistens das Frühstück zubereitet. Natürlich hätte sie das ebenfalls fertiggebracht, aber sie hatte die liebevolle Geste des Verwöhnens genossen. Etwas länger im Bett liegen zu bleiben und dem Geklapper in der Küche zu lauschen - das war Geborgenheit pur.

Doch in letzter Zeit schlief Robert schlecht. Auch in der vergangenen Nacht hatte sie gemerkt, dass er aufgestanden war. Barfuß, um keine Geräusche zu machen. Doch Hannas feinem Gehör entging nichts. Und so fiel ihr auf, dass er unsicher über die Fliesen tapste, die Hände am Schrank. Das sei nur sein niedriger Blutdruck, erklärte er, als sie ihn darauf ansprach. Aber dafür habe er ja seine Medikamente. Zwei Pillen morgens und eine am Abend. Beruhigt drehte sich Hanna wieder auf ihre Schlafseite. Dass er nachts manchmal mehrere Stunden am Esstisch saß, mit seinem Smartphone beschäftigt, wusste sie natürlich. Aber was er genau da tat - das konnte sie nicht ahnen. In all den Jahren ihrer Ehe war Robert nie mit seinen Problemen hausieren gegangen. Und würde es wahrscheinlich weiterhin nicht tun.

Hanna schlüpfte in ihren Bademantel. Der Frotteestoff, einstmals ein farbenfroher Blumenprint, war längst verwaschen und fühlte sich gemütlich an. Selbstverständlich hatte sie noch ein zweites Exemplar im Kleiderschrank hängen - *für gut*, wie ihre Mutter zu sagen pflegte. Wenn man beispielsweise ins Krankenhaus musste. Zuhause liebte sie es leger, Robert ging es ebenso. Auch das war Lebensqualität.

Im Badezimmer, das zur Gartenseite lag, war das Schrägfenster gekippt. Schnell etwas kaltes Wasser ins Gesicht klatschen und die Zähne putzen, dann die Haare mit der Rundbürste in Form bringen. Und als ihr Fön nicht mehr surrte, konnte Hanna es überdeutlich hören. Dieses penetrante Gurren. Doch es waren keine lieblichen Täubchen wie in »Drei Haselnüsse für Aschenbrödel«, sondern voll gefressene Viecher, die sich auf dem Rasen breit gemacht hatten. Dürfte sie es, würde sie die ungebetenen Gäste auf der Stelle abknallen. Wenn Hanna ehrlich war, verabscheute sie Federvieh jeglicher Art. Hitchcocks Gruselklassiker hatte da ganze Arbeit geleistet. Aber Tiere töten zu wollen, das sprach man in Deutschland besser nicht laut aus. Nur die allerwenigsten Leute hatten Kenntnis von jenem Luftgewehr, das Robert besaß. Als Jungspund hatte ihn sein Schwager für den Schießsport begeistern können. Ob die Knarre, die irgendwo im Keller lagerte, noch betriebsbereit war? Sie wusste es nicht und wollte es auch gar nicht wissen.

Plötzlich, warum auch immer, huschte ein Zitat durch Hannas Kopf, das sich in ihr festsetzte wie die fetten Vögel im Garten. *Rucke di gu, rucke di gu, Blut ist im Schuh.* Und vor ihrem inneren Auge erschienen weiße Mädchenkniestrümpfe, die sich langsam, von der Fußsohle her, tiefrot färbten. Als sich das aufwühlende Bild nicht verscheuchen ließ, ärgerte sie sich. Warum musste sie bloß so abergläubisch sein? Oma Martha, hättest du mir nicht etwas anderes vererben können?

Hanna bemühte sich um Ablenkung. Was mochten die Tauben in der englischen Übersetzung des Märchens gesagt haben? Selbstverständlich durchschaute ihr Gehirn das plumpe Manöver und bestrafte sie. Die Worte wollten ihr einfach nicht einfallen, obwohl sie sonst ein gutes Gedächtnis hatte. Vielleicht würde die allmorgendliche Schminkprozedur für Ablenkung sorgen. Während sie ihr fahles Nachtgesicht übertünchte, konnte Hanna endlich an etwas anderes denken. Nie hätte sie eine solche Resonanz auf den Zeitungsartikel vermutet. Manche Anrufe hatte Robert ihr abgenommen, da sie eine Pause zum Luftholen brauchte. Ihr Mann habe eine angenehme Telefonstimme, hatte eine Kommilitonin einmal gesagt. Besser als meine, dachte Hanna insgeheim. Was die eigene Person anging, war sie mehr als kritisch. Unnötigerweise. Denn die zahlreichen Gespräche, die sie geführt hatte, waren gut gelaufen. Das bestätigte auch Robert, der zugehört hatte. Um besser mitschreiben zu können, hatte sie den Apparat auf laut geschaltet.

Eine ältere Dame, die aus der Gegend stammte, war mittlerweile nach Gelsenkirchen gezogen, wo ihr Sohn lebte. Hannas erste Zeitzeugin! In einem Café, unweit des Seniorenheims, wollten sie sich treffen. Die künftige Buchautorin war nervös wie ein Teenager vor dem ersten Date und hatte sich einen Fragenkatalog zurechtgelegt. Sie solle das Gespräch mit dem Handy aufnehmen, dann könne sie sich hinterher alles in Ruhe anhören, riet Robert ihr. Ein guter Tipp. Wie so oft.

Doch jetzt, als Hanna vor dem Kleiderschrank stand, würde er ihr keine große Hilfe sein. Weil sie sich fragte, was sich alle Frauen fragten, die irgendwohin wollten. Was ziehe ich bloß an? Etwas sommerlich Leichtes? Nein, das ginge nicht mehr. Der Herbst hatte bereits Einzug gehalten, auch wenn er laut Kalender noch damit hätte warten sollen. Ihre wärmeren Cardigans, in denen sie sich am wohlsten fühlte, lagen ganz oben im Schrank. Zu faul, um die Trittleiter zu holen, griff sie auf gut Glück in den Stapel darunter und hielt etwas Schwarzes in den Händen. Und ungute Erinnerungen wurden wach. An das Begräbnis von Emmas Schwiegervater, für das sie diesen Pulli gekauft hatte. Zwei Jahre war es her, dass er nach einem häuslichen Unfall gestorben war. Ein Baum von einem Mann, gefällt in einem Bruchteil von Sekunden. Dass so etwas möglich war, hatte Hanna umgehauen. Ihre Ängste, die sie weitgehend unter Kontrolle geglaubt hatte, waren damals wieder aufgebrochen. Dass von jetzt auf gleich etwas Schreckliches passieren und alles verändern könne. Ohne jegliche Vorwarnung.

Ob Oma Marthas Ballade schuld war, die sie ihrer Enkelin oft auf deren Wunsch vorlesen sollte? Hanna hatte, warum auch immer, an dem schaurigen Text einen morbiden Gefallen gefunden. *Wenn es mir nur gruselte!* Von vier Generationen einer Familie war die Rede, die sich vorstellten, was sie am morgigen Feiertag alles tun wollten. Dann zog ein Gewitter auf, am Ende waren alle tot. Diese unheilvollen Strophen würden stets in Hanna schlummern, wie ein Schläfer im früheren Ostblock, um irgendwann aktiviert zu werden. Welch schwere Rucksäcke man doch aus der Kindheit mit sich herumschleppen musste.

Erinnerungen hin und her, mit der Farbe Schwarz, die im Grunde keine war, konnte sie heute nichts falsch machen. Hanna griff nach einer zartgrauen Jeans. Hell und Dunkel, ein guter Kontrast, und sie fühlte sich gleich präsentabel. Dennoch überkam sie, einen Moment lang, ein mulmiges Gefühl. Weil sie an eine ehemalige Kollegin denken musste, die eine tiefe Abneigung gegen schwarze Kleidung hegte. Wenn sie diese Farbe trage, werde etwas Schlimmes geschehen. Und sie hatte sofort diverse Beispiele parat gehabt. Das ging selbst der abergläubischen Hanna zu weit. Schwarz war auch die Farbe der Künstler und Intellektuellen. Nein, nicht dass sich Hanna dazu zählen wollte. Aber sie musste an Juliette Gréco denken, deren Markenzeichen schwarze Klamotten und die ebensolche Mähne gewesen waren. Und dazu diese erotisch dunkle Stimme. Dass die französische Chansonette vor zwei Jahren gestorben war, hatte mit ihrem hohen Alter von 93 Jahren zu tun. Und nicht mit ihrem Faible für diese unbunte Farbe.

Drittes Kapitel

Nun saß Hanna im Zug nach Gelsenkirchen.

Das Bahnfahren war ihr in die Wiege gelegt worden, denn ihr Vater hatte sein gesamtes Arbeitsleben als Eisenbahner verbracht und seine Familie mit günstigen Tickets versorgen können. Personalfahrkarten für kürzere Strecken und Freifahrtscheine für Urlaubsreisen, damit war sie groß geworden. Für die erwachsene Hanna erwies sich das Auto als das günstigere Verkehrsmittel, um nach der Uni und später nach der Schule Emma in der Kita abholen zu können. Immer pünktlich sein zu wollen, mit Bus und Bahn, das funktionierte schon damals nicht. Inzwischen stand ihr, wegen diverser gesundheitlicher Baustellen, ein kostenloses Ticket für den ÖPNV zu, von dem sie regen Gebrauch machte.

Auf einer App suchte sich Hanna die besten Verbindungen heraus. Und dann, während der Fahrt, konnte sie in ihrem Tolino lesen oder einfach nur die Seele baumeln lassen. Ohne Staus und Parkplatzsorgen. Um nach Gelsenkirchen zu gelangen, hatte sie sich einen Regio ausgeguckt, der von Oberhausen aus durchfuhr. Bei dem useligen Wetter, regnerisch und kühl, kam ihr das sehr entgegen. Kein lästiges Warten auf zugigen Bahnhöfen. *Zugig*! Sie grinste in sich hinein. Weil dieses Adjektiv wie Faust auf Goethe passte. Mittlerweile war sie bester Laune und die Taubenschar vergessen. Zum wiederholten Mal las sie sich die Fragen durch, die sie gleich ihrer Zeitzeugin stellen wollte.

Besonders interessierte sich Hanna für das Dritte Reich. So viel Schreckliches hatte man damals zugelassen, aber im Nachhinein war man immer schlauer. Ob die Frau etwas über die jüdischen Geschäfte zu berichten wusste? Allerdings müsste sie dafür um die 90 sein. Hatte sie am Telefon schon so alt geklungen? Sie wusste es nicht mehr. Auch Robert zeigte großes Interesse am Nationalsozialismus. Literaturverfilmungen wie *Tadellöser & Wolff*, die Lebensgeschichte des Schriftstellers Walter Kempowski - solche Biopics gefielen ihnen beiden. Drei von Roberts Geschwistern waren vor Ausbruch des Zweiten Weltkriegs geboren, zu dem um 13 Jahre älteren Klaus hatte er ein besonders enges Verhältnis und telefonierte gerne mit ihm. Über Gott und die Welt.

In letzter Zeit fühlte sich Hanna mehr zu Büchern hingezogen. Am liebsten las sie im Schlafzimmer. Allein auf dem großen gemeinsamen Bett. Nach der Fertigstellung ihres autobiografischen Romans, der Spurensuche nach der toten Schwester, war ihr bewusst geworden, dass Lesen wie Trance sein konnte. Wann immer sie, in eine Lektüre vertieft, irgendein Geräusch hörte, zuckte sie derartig zusammen, als ob sie sich in einer anderen Welt aufgehalten hätte. Auch Robert wich von seinen gewohnten Pfaden ab. Häufig blieb er, wenn er zappte, bei seichter Serienkost hängen. Wäre Hanna ehrlich gewesen, hätte sie zugeben müssen, dass sich in ihrer Ehe erste Verschleißerscheinungen zeigten. Wie bei einem strapazierten Reißverschluss, der tagsüber zwar einwandfrei funktionierte, sich abends jedoch am falschen Ende öffnete, weil er den lieben langen Tag zu oft hin- und her geratscht worden war. Hätte sie sich nicht einfach zu Robert aufs Sofa setzen und dort lesen können?

Auch das Abendessen begann sich dem neuen Rhythmus anzupassen. So geschah es, dass Hanna beim Lesen aß und Robert beim Fernsehen. Und bei den gemeinsamen Mahlzeiten griffen sie nicht selten auf Tiefkühlkost oder anderes Fertiges zurück. Oft würde Hanna mit einem Buch auf dem Bett einschlafen. Wenn Robert zu vorgerückter Stunde die Nachttischlampe anknipste, murrte sie. Ob er seinen Schlafanzug nicht im Dunkeln finden könne? Ihr gelinge das schließlich auch. Wenn sie sich mosern hörte, wunderte sie sich nur. War das tatsächlich sie, die so redete? Was war bloß los mit ihr? Überstieg das neue Buchprojekt ihre Kräfte und machte sie reizbarer als sonst? Und spürte Robert das ebenfalls? So dass er nachts nicht mehr durchschlafen konnte?

Jeden Morgen nahm Hanna sich vor, diese Entwicklung zu kommunizieren. Wehret den Anfängen, hätte ihre lebenskluge Oma gesagt. Ja, eine Ehe wollte auch im Alter gepflegt werden. Da Robert morgens verständlicherweise müde war, ließ sie ihn länger schlafen und frühstückte allein. Und im Laufe des Tages würde sie ihre guten Vorsätze vergessen. Tagsüber war ja alles in Butter. Fast. Denn nicht mehr alles machten sie zu zweit. Wie gerne hätte Hanna es gehabt, wenn Robert sie zu der alten Dame begleitet hätte! Seine ruhige, besonnene Art würde sofort eine Atmosphäre des Vertrauens schaffen. Doch er wollte nicht. In der letzten Zeit blieb er am liebsten zuhause. Obwohl sie beide pensioniert waren und eigentlich jederzeit hätten wegfahren können.

Früher in den Ferien hatten sie Kreuzfahrten unternommen, bis zum Nordkap war man mit Philipp gewesen. Aber ohne die ältere Emma, die verreiste lieber mit ihrer Clique. Als ihr Bruder es ihr irgendwann nachmachte, schien Robert keinen Spaß mehr am Verreisen zu finden. Nun, eine Reisetante konnte man Hanna nicht wirklich nennen, obwohl sie einem gelegentlichen Tapetenwechsel nicht abgeneigt gewesen wäre. Einige Zeit nach dem Militärschlag gegen die Ukraine hatte sie eine Schulfreundin am Chiemsee besucht. Mit ohne Robert. Über zahllose WhatsApps und ebenso viele Telefonate teilte sie ihre Auszeit mit dem Daheimgebliebenen. Rund 800 Kilometer voneinander entfernt, kamen sie sich so nahe wie lange nicht mehr. Es gehe ihm oft nicht gut, gab Robert zu, weshalb er sich zuhause am allerwohlsten fühle. Er solle bitte einen Arzt aufsuchen, drängte Hanna. Jajaja, das würde er demnächst tun, beschwichtigte er sie. Was hatte die Freundin noch beim Abschied gesagt? Sie solle wieder nach Bayern kommen und ihren Mann mitbringen, denn sie würde Robert gerne kennenlernen. Doch bislang war es bei einem vagen Versprechen geblieben. Der Eingeladene hielt sich bedeckt, auch wenn er die Berge liebte.

Einkaufen zu fahren oder zu Emma nach Duisburg, das war der Radius, in dem er sich bewegte. Damit schien er zufrieden, den Besuch beim Arzt schob er auf die lange Bank. Richtig krank wäre er schließlich nicht, das werde schon wieder. Was von allein komme, gehe auch von allein weg, man müsse nur Geduld haben. Hanna, die wegen jedem Kinkerlitzchen einen Facharzt konsultierte, verstand das nicht. Es ging doch nicht nur um ihn, sondern auch um sie beide! Auch das wollte sie mit ihm kommunizieren. Aber derzeit hatte sie zu viel anderes im Kopf, allem voran ihre Recherchen. Ganze Vormittage verbrachte sie im Stadtarchiv. Wer Entschuldigungen sucht, findet auch welche.

Gleich am heutigen Abend, wenn sie aus Gelsenkirchen zurück wäre, würde Hanna mit Robert reden. Das nahm sie sich fest vor, als sie aus dem schmuddeligen Zugfenster blickte. Zur Sicherheit wollte sie einen Knoten in ihr Taschentuch machen, was jedoch nicht klappte. Zu fludrig war das Tempo, für Eselsbrücken ungeeignet. Die kunstvoll umhäkelten Batist-Taschentücher, Erbstücke aus Omas Backfischzeit, bewahrte sie in einer Erinnerungskiste auf. Fürs Naseputzen und die anschließende Maschinenwäsche waren sie viel zu schade.

Auf einmal kehrte das ungute Gefühl zurück.

Ob es die Tauben waren? Oder der schwarze Pullover, den Hanna anhatte? So sehr sie sich bemühte, das Gefühl ließ sich nicht abschütteln. Und sie musste an jenen Satz denken, der in schulischen Gutachten verpönt war. *Jemand habe sich bemüht.* Weil es im Klartext bedeutete, dass man wenig erfolgreich geblieben war.

Viertes Kapitel

Für die *Deutsche Bahn* ungewohnt pünktlich traf Hanna in Gelsenkirchen ein, auch auf ihre Straßenbahn musste sie nicht lange warten. Das Café, in dem sie sich treffen wollten, lag ein paar Haltestellen außerhalb des Stadtzentrums. Sie setzte sich schon mal, orderte einen schwarzen Tee und hielt die Schwingtür im Auge. Da, das musste ihre Zeitzeugin sein! Solo und nicht mehr ganz jung, doch flott gekleidet und fesch frisiert. Keine *Matka*. So hatte ihr Vater, der Feldeisenbahner in Russland gewesen war, alle älteren Frauen genannt, die in Kittelschürzen herumliefen. Im Alter nicht *alt* aussehen, das wollte Hanna auch. Bestimmt konnte man etwas gegen die unschönen bräunlichen Flecken tun, mit denen die Hände ihres Gegenübers gesprenkelt waren. Hals und Hände verraten das wahre Alter einer Frau, hatte sie mal beim Friseur gelesen. Sie, Hanna, würde sich jedenfalls nicht vernachlässigen.

Obwohl ihre Zeitzeugin munter drauflos plauderte und eine Menge interessanter Anekdoten wusste, war Hanna nicht bei der Sache. Weil sie bereits an die Rückfahrt dachte. Nicht, dass sie sich im Café unwohl fühlte, nein, der Knackpunkt lag woanders. Während sie noch gewartet hatte, wollte sie, eitel wie sie war, schnell ihr Aussehen kontrollieren. Und als sie die Spiegelpuderdose zückte, fiel ihr auf, dass etwas in ihrer Handtasche fehlte. Ihre FFP2-Maske war nicht mehr da. Halb so wild, Gottseidank nicht das Portemonnaie, war ihr erster Gedanke. Aber dann wurde ihr bewusst, dass man ohne Mundschutz keine öffentlichen Verkehrsmittel benutzen durfte. Und was jetzt? Schließlich ging es schon auf den frühen Abend zu und Geschäfte gab es hier nur wenige. Hanna ärgerte sich. Gewöhnlich dachte sie an alles, was man unterwegs brauchen könnte - von Schmerztabletten bis hin zu Slipeinlagen. Für sämtliche Eventualitäten des Lebens gerüstet zu sein, das war ihr Credo. Weshalb im Schlafzimmer eine gepackte Krankenhaustasche parat stand. In der Hoffnung, dass sie niemals zum Einsatz kommen würde. Bisher hatte sich dieses Regenschirm-Prinzip bewährt.

Es war müßig, darüber zu sinnieren, wo sie ihre Maske verloren hatte. Ob die alte Dame einen Ersatz in der Handtasche habe? Leider nein, bedauerte diese, nachdem sie umständlich in ihrem Beutel herumgekramt hatte. Auch das Servierfräulein konnte nicht aushelfen. So ein

Saftladen, dachte Hanna und beschloss, mit dem Trinkgeld zu knausern. Aber um die Ecke sei der *Netto*, dort habe man noch geöffnet. Na gut, für diese Information wollte sie sich doch erkenntlich zeigen.

FFP2-Masken? Jetzt wo die Ansteckungszahlen wieder sinken, habe man diese aus dem Sortiment genommen. Hannas Herz war schon halb in die Hose gerutscht, als eine andere Verkäuferin sie bat, einen kleinen Augenblick zu warten. Normalerweise würde sie sich ärgern, wenn »kleine« Augenblicke so lange dauerten. »Was für eine Trantüte«, hätte sie innerlich geschimpft. Heute hoffte sie nur. Nach schier endlos scheinenden Minuten kam die junge Frau zurück, in der Hand eine Packung OP-Masken. Die seien eigentlich fürs Personal bestimmt, erklärte sie, aber man würde eine Ausnahme machen. Hanna atmete auf. An der Kasse war sie wieder guter Dinge und amüsierte sich über die Stapel von Weihnachtsgebäck. *Santa Claus in Town* verkündete der Aufsteller und sie legte eine Packung Gewürzspekulatius aufs Band.

Vorfreude war die schönste Freude. Am ersten Adventswochenende würden Robert und Philipp wieder Spritzgebäck backen. Die Küche in ihrem Reihenhaus war winzig und in grauen Vorbesitzerzeiten der Schweinestall gewesen. Das sei er immer noch, mokierte sich Hanna, wenn die beiden mit dem Backen fertig waren. Wegen Überfüllung geschlossen! Dieses Schild hätte man an den Durchgang zur Küche hängen können, wenn sich mehr als zwei Personen dort aufhielten. Weshalb nur Robert und Philipp den Plätzchenteig durch den Fleischwolf drehten und die Backbleche befüllten. Hanna, auch im Backen keine Leuchte, ließ ihren Männern gerne den Vortritt und begnügte sich mit dem köstlichen Vanille-Duft, der durch das ganze Haus waberte. Philipp hatte auch das väterliche Küchengen geerbt. Und wo sind *meine* Gene geblieben, fragte sich Hanna in solchen Momenten.

Als sie an der Straßenbahnhaltestelle ankam, dort, wo sie vorhin ausgestiegen war, checkte sie ihre Verbindungen. Einmal. Nein, das konnte nicht sein. Also schaute sie ein zweites Mal hin. Es blieb dabei, ihr Regio fiel aus. Voller Unbehagen blickte sich Hanna um, an der Haltestelle herrschte kaum Betrieb. Und es dämmerte bereits. Hatte sie sich so lange im *Netto* aufgehalten? Oder war die Dunkelheit den Regenwolken geschuldet? Und wie sollte sie nun nach Hause kommen? Wenn alle Stricke reißen, würde Robert sie natürlich in Gelsenkirchen abholen. Wenngleich Fahren bei Dunkelheit nicht mehr sein Ding war.

Noch ein rascher Blick auf ihre App. Und Hanna entschied sich, vom Bahnhof Gelsenkirchen den Bus nach Oberhausen zu nehmen. Dann stellte sie zu ihrem Entsetzen fest, dass sie dort eine geschlagene Stunde auf ihren Anschlusszug nach Hause warten müsste. Für einen Freitagabend war das viel zu lange. Jugendliche, die im Bahnhof herumlungerten, viele von ihnen alkoholisiert und auf Krawall gebürstet. Dazu kaum Personal, das im Notfall eingreifen könnte. Nein, so etwas brauchte sie wahrhaftig nicht. Hanna griff zu ihrem Handy und rief an. Ob Robert nach Oberhausen kommen könne? Sie spürte, wie er zögerte. Wo genau er sie denn einsammeln solle, fragte er schließlich. Mit einem Hauch von Resignation, den Hanna ignorieren wollte. Und so beschrieb sie ihm die ungefähre Lage des Busbahnhofs. Er werde mal schauen, wo es eine Parkmöglichkeit in der Nähe gebe, meinte er nur. Sie solle sich melden, wenn sie angekommen sei. Hanna war erleichtert, Robert würde stets ihr Fels in der Brandung sein. Dass sie beide ihre Abende nicht mehr gemeinsam verbrachten, war schließlich kein Weltuntergang. Es wäre doch gelacht, wenn man das nicht in den Griff bekäme!

Da ihr Bus erst in einer Viertelstunde abfuhr, peilte Hanna die Bahnhofsbuchhandlung an, die wie ausgestorben wirkte. Von nahezu allen Titelseiten blickte ihr eine lächelnde Queen entgegen. Da waren die

Nachrichtenredaktionen aber auf Zack gewesen! Ob man damit gerechnet hatte? Hanna hatte es nicht. Der Tod der englischen Königin, am gestrigen Nachmittag, war für sie wie aus heiterem Himmel gekommen. Dass eine solche Frau, medial allgegenwärtig und scheinbar alterslos, normalsterblich sein sollte, erfüllte sie mit Angst. Aber hätte sie genau hingeguckt, wäre ihr aufgefallen, wie sehr Elizabeth nach dem Tod von Prinz Philip abgebaut hatte. Nun, 95 Jahre waren kein Pappenstiel. Ohne den Mann an ihrer Seite, den sie schon seit Teenagerzeiten kannte, war ihre Lebenskraft offenbar erschöpft gewesen. Alles war endlich, man dachte nur zu wenig und höchst ungern darüber nach.

In Oberhausen blickte sich Hanna suchend um. Wo war Robert nur? Schließlich entdeckte sie ihn, im Wartebereich der Haltestation. Wie unpassend er angezogen ist, war ihr erster Gedanke. Warum trägt er, an diesem kühlen Abend, lediglich ein kurzärmeliges Poloshirt und nicht seine Hundejacke darüber? Und als er ihr entgegenkam, fiel ihr noch etwas anderes auf. Robert war schmal geworden. Sein Shirt warf Falten, die Hose saß locker im Bund. War es das fahle Licht der Busbahnhofsbeleuchtung, das ihn anders aussehen ließ? Irgendwie krank. Ein Gedanke, den sie energisch beiseiteschob. In dieser Beziehung war Hanna wie die kapriziöse Scarlett O'Hara aus *Vom Winde verweht,* ein Film, den sie über alles liebte und dessen Dialoge sie auswendig konnte. Robert nannte die beiden Hauptdarsteller, Clark Gable und Vivien Leigh, oft scherzhaft *Clark Gabel* und *Vivien Löffel.* Auch Scarlett wollte über wichtige Dinge erst am nächsten Tag nachdenken.

Auf dem Pendlerparkplatz hinterm Bahnhof stehe er, man müsse durch das gesamte Gebäude hindurch, eine ziemliche Strecke sei das. Auch egal, dachte Hanna, Hauptsache, nach Hause. Nur ins warme Auto wollte sie, dementsprechend ausladend waren ihre Schritte. Dass Robert ihr kaum folgen konnte, merkte sie zunächst gar nicht. Sie habe aber ein ziemliches Tempo drauf, hörte sie ihn irgendwann keuchen, als er sie eingeholt hatte. Diese Riesenbaustelle auf der Autobahn, was für eine stressige Fahrt das gewesen sei! Man könne ja gleich anders fahren, schlug Hanna vor. Sie wunderte sich. Zwar hatten sie keinen Hund mehr, doch dass Robert dermaßen aus der Puste war, erstaunte sie. Ob die täglichen Runden mit Bert ein solcher Jungbrunnen für ihn gewesen waren? Vor wenigen Monaten hatte der Berner Sennenhund eingeschläfert werden müssen. Immer noch rang Robert nach Luft.

Während der Heimfahrt ließ Hanna den Tag Revue passieren. Daher fiel ihr nicht auf, dass Robert genau dieselbe Strecke zurückfuhr, die er hatte meiden wollen. Sonst hätte sie sich ein zweites Mal gewundert. Zuhause fragte er, ob sie noch Hunger habe. Er selbst sei schon satt. Das hier sei für sie. Und er zeigte auf einen Teller mit Seelachsfilets und Pommes frites, das könne er ruck zuck in der Mikrowelle warm machen. Sie dachte an ihre Beobachtung und unterdrückte die Frage, ob er und wenn ja, wie viel er davon gegessen habe. Morgen würde sie ihn darauf ansprechen. Ganz bestimmt. Müde vom reichlichen Essen legte sich Hanna bald hin. Robert kam erst gegen Mitternacht, was sie, ausgerechnet an jenem Abend, nicht merkte. Woher sollte sie auch wissen, dass sie wertvolle, unwiederbringliche Zeit verschenkt hatte?

Fünftes Kapitel

Den heutigen Samstagvormittag wollten Robert und Hanna in Duisburg verbringen. Bei Emma zuhause. Robert saß, souverän wie immer, hinterm Steuer und schien die Fahrt vom gestrigen Abend, bei Regen und Dunkelheit, vergessen zu haben. Sie aber nicht. Da fiel ihr Blick auf *Foxi* und sie fühlte das irrwitzige Verlangen, Robert zu testen. Ob er noch wisse, wann er ihr diesen hübschen Fuchs, mit dem goldfarbenen

Ohrstecker, geschenkt habe? »Aber sicher dat!«, grinste er. Dass er aus dem Ruhrpott kam, durfte jeder wissen. Auch wenn er gewöhnlich nicht gleichzeitig Autofahren *und* reden konnte, heute konnte er es. Und sie schwelgten in Erinnerungen an die Liebeserklärung, die er ihr mit *Foxi* gemacht hatte. *Du bist für das verantwortlich, was du dir vertraut gemacht hast,* so hatte es der Fuchs dem Kleinen Prinzen gesagt. Hanna war zu Tränen gerührt, als Robert ihr das Plüschtier damals behutsam in den Arm legte, wie man es bei einem Baby getan hätte. Nur den Namen *Xorry,* vom Hersteller vorgesehen, fand sie blöd, *Foxi* würde besser passen. Seitdem hielt er über dem Armaturenbrett Wache, wo sein braunrotes Fell mit der Zeit hellgrau geworden war.

Wie viele gemeinsame Jahre es seitdem gegeben hatte! Und wie viele Abende. Doch Hanna fragte sich, ob diese überhaupt noch in die Rubrik »gemeinsam« gehörten. Oder waren Robert und sie dabei auseinanderzudriften? *Du bist verantwortlich.* Zeitlebens. Wie ein Mantra klang es in ihren Ohren. »Ich liebe dich«, sprach sie in die Radiomoderation hinein. Drei Worte, die sie lange nicht mehr gesagt hatte und nach denen sie plötzlich ein unerklärliches Bedürfnis verspürte. »Ich dich auch«. Für wenige Sekunden nahm er den Blick von der Fahrbahn und zwinkerte ihr zu. Dann konzentrierte er sich wieder auf den Straßenverkehr.

Wenn bei ihrer Enkelin Klassenarbeiten anstanden, hatte es sich Hanna zur Gewohnheit gemacht, mit Louisa den Unterrichtsstoff durchzugehen. Während die beiden ins Lehrbuch vertieft waren, saß man nebenan beisammen, trank Kaffee und quatschte. Es sei alles so wie immer gewesen, das würden Emma und Markus hinterher sagen. Und es nicht verstehen. Wie auch sie nicht.

Auf dem Rückweg hatte Hanna das Gefühl, Robert sei schweigsamer als auf der Hinfahrt. Was bei ihm, der gerade viel geredet haben musste, verständlich war. Das sagte sich Hanna jedenfalls. Doch als sie auf die Autobahn zusteuerten, wunderte sie sich, genau wie sie sich gestern gewundert hatte. Weil Robert, in aller Seelenruhe, an der Auffahrt vorbeifuhr. Diese Strecke, ihre Heimstrecke sozusagen, kannten sie beide wie im Schlaf. Wie konnte das passieren? Irritiert wies sie ihn auf seine offensichtliche Unaufmerksamkeit hin. Aber er schaute nur starr nach vorne, als wenn er sie gar nicht gehört hätte. Mist, da sei er in Gedanken ganz woanders gewesen, so würde er gewöhnlich reagieren. Und er würde nach der nächsten Möglichkeit suchen, den Wagen zu wenden. Aber nichts dergleichen geschah. Jetzt war Hanna mehr als verunsichert. So kannte sie ihren Mann nicht. Als sei es nicht *er,* der da hinter dem Steuer saß, sondern irgendein Doppelgängerwesen aus dem Kino. Eine vertraute und doch fremde Person.

Hanna fühlte sich wie in einem Science fiction-Film.
Warum tat Robert das? Was ging in ihm vor?

Und dann überlief es sie eiskalt. Was wäre, wenn er auch weiterhin so seltsam fahren würde? Scheinbar ohne Sinn und Verstand. Sie musste handeln, und zwar auf der Stelle. Rasch blickte sie hinter sich, zum Glück war die Straße samstagsnachmittagsleer. Er solle rechts ranfahren und sie ans Steuer lassen. Würde er die Notwendigkeit einsehen? Oder würde er aufbegehren? Womöglich fuchtig werden? Was sie denn bloß wolle, schließlich habe er alles im Griff! Doch zu ihrer Verwunderung erfolgte keinerlei Protest, sondern er hielt tatsächlich an.

Der Avatar und die Automatin. Von da an funktionierte Hanna nur noch. Sie bat Robert, auf den Beifahrersitz zu rutschen, weil sie befürchtete, dass er nicht aufstehen und zur anderen Wagenseite gehen könne. Wie Recht sie haben sollte! Steif stemmte er sich hoch, schob sich mühsam über den Schaltknüppel und ließ sich, schwer atmend, auf den Sitz neben Hanna fallen. Ob sie nicht umkehren und zurückfahren sollten? Emma, als Medizinerin in einem großen Krankenhaus tätig, würde mit Sicherheit wissen, was zu tun wäre. Nein, nein, nun protestierte er doch, er wolle *nach Hause*. Aber seine Stimme klang schleppend, nicht mehr das fröhliche *aber sicher dat*. Waren diese Worte wirklich erst ein paar Stunden her? Er brauche nur seine Blutdrucktabletten, dann gehe es ihm bestimmt wieder besser. Hoffentlich. Doch tief in ihrem Inneren kamen ihr Zweifel an seiner Erklärungsvariante. Und als sie sich den gestrigen Abend zurück ins Gedächtnis rief, verspürte sie mit einem Mal nackte Angst. Wie noch nie zuvor in ihrem Leben.

Während sie den Corsa heimwärts steuerte, durchforstete sie ihr medizinisches Halbwissen. Könnte es ein Schlaganfall sein? Oder etwa ein Herzinfarkt? Oder hatte er lediglich zu viel Kaffee getrunken? Oder fehlten ihm die Kohlenhydrate? Ein niedriger Blutzuckerspiegel, ja, vielleicht war es das, versuchte sie sich zu beruhigen. Auf jeden Fall müsse man dringendst einen Arzt aufsuchen, das war ihr klar. Bis dahin, das glaubte sie mal aufgeschnappt zu haben, sollte das Gehirn aktiv bleiben. Und so fragte sie Robert alles Mögliche und Unmögliche, was ihr gerade in den Sinn kam. Ob sie heute Abend mal gemeinsam was im Fernsehen gucken sollten (das erste Mal seit langem, ergänzte sie in Gedanken). Und was er gerne nachher essen würde?

Robert antwortete nicht. Und dann, als Hanna schon in Panik ausbrechen wollte, überraschte er sie. Dort, er zeigte aus dem Autofenster auf ein Verwaltungsgebäude, werde demnächst wieder ein Weihnachtsbäumchen stehen, wie in jedem Jahr. Ein Wackerstein fiel von Hannas Herzen. Sie hatte das Gefühl, ihre Erleichterung mit bloßen Händen greifen zu können. In seinem Oberstübchen war alles in Ordnung! Wenngleich das Gehirn nicht im gewohnten Tempo die Informationen zu verarbeiten schien. Doch nur ein Blutdruckproblem, mit ein paar Tabletten zu beheben. Hanna schickte ein inniges Dankgebet nach oben.

Kenne sich jemand in den Windungen eines Gehirns aus. Warum musste sie ausgerechnet in diesem Moment daran denken? An den Spruch, den ihre Oma unweigerlich auf den Lippen hätte, würde sie mit ihnen im Auto sitzen. Vehement versuchte sie, die Worte in ihrem Kopf zu tilgen, aber sie blieben da. Genau wie es die Tauben auf der Wiese getan hatten. Wie lange oder wie kurz war das her? Man solle den Tag nicht vor dem Abend loben, hätte Oma Martha gesagt.

Denn als Hanna den Wagen auf ihr Grundstück lenkte und direkt vor der Eingangstür parkte, um Robert den Weg ins Haus zu verkürzen, würde der Albtraum erst richtig beginnen.

Sechstes Kapitel

Der Anblick seines Zuhauses schien Robert Auftrieb zu geben. Er machte Anstalten aufzustehen, dann sackte er zusammen. Wie eine Marionette, bei der jemand böswillig die Strippen gekappt hatte. Not-arzt, Not-arzt, skandierte es in Hannas Hirn. Sie wusste sich keinen anderen Rat als den Krankenwagen zu rufen. Dass sich Robert sträubte, konnte sie sogar nachvollziehen. Wer wollte schon gerne ins Krankenhaus? Ob sie ihm nicht helfen könne, ins Haus zu kommen? Bitte! So flehentlich klang er, dass sie beschloss, mit dem Anruf zu warten. Vielleicht würden seine Medikamente tatsächlich etwas bringen. Und sie reichte ihm den Arm, damit er sich daran festhalten und hochziehen konnte.

In diesem Moment nahm der Albtraum volle Fahrt auf. Statt ihren Arm, wie einen rettenden Anker, zu ergreifen, verkrampften sich plötzlich seine Finger, die Knöchel stachen weiß hervor. Und dann begann er am ganzen Körper zu zittern. Als wenn es ihn entsetzlich frieren oder schaudern würde. Oder beides zugleich. Was um Himmels Willen war das? Von nun an fühlte sich Hanna, als wenn jemand ein transparentes Rollo heruntergelassen hätte, durch das sie diese fremde *andere* Hanna beobachten konnte. Eine Frau, die unglaubliche Dinge tat, die sie, die *richtige* Hanna, niemals für möglich gehalten hätte. Und die zu Robert sagte, dass sie wohl an der 112 nicht vorbeikäme. Ja, dann solle sie es machen. Das waren die letzten Worte, die sie vorerst von ihm hören sollte. So hatte sie ihn noch nie erlebt. Während es in der Notrufzentrale klingelte, guckte die *richtige* Hanna zu. Nein, das war nicht *sie*, das war nicht *ihr* Robert, das waren *andere* Personen. Wie im falschen Film, so kam sie sich vor. Und ihm mochte es genauso gehen.

Auch in Duisburg rief die *andere* Hanna an. Dann, als sie Emmas Stimme hörte, ging die Bodenständigkeit der Tochter auf den Körper der Mutter über. Und sie hatte das Gefühl, mit der *richtigen* Hanna zu verschmelzen. Wieder eins mit ihr zu werden. Selbst Emma, die selten die Fassung verlor, konnte ihren Schrecken nicht verbergen und versprach, sich sofort mit Markus auf den Weg zu machen. Wenn doch der Krankenwagen gleich käme! Hektisch wanderte Hannas Blick zwischen Robert und der Uhr im Armaturenbrett hin und her. Noch immer saß er da, regungslos, mit weißem Gesicht. Und sie musste an *A whiter shade of pale* denken. Eine Orgel-lastige Popballade, die Robert liebte. Ihn auf diese Ähnlichkeit anzusprechen, wenngleich in flapsiger Weise, hätte sie als unpassend empfunden. Aus purer Hilflosigkeit fragte sie nach Geburtstag, Wochentag und Adresse. Ohne dass er eine Reaktion zeigte. Warum auch, dachte er vielleicht. Schließlich wisse seine Frau alles.

Hanna holte tief Luft. Sie wollte Ruhe und Zuversicht ausstrahlen, was ihr aber nicht gelang. Denn der Gedanke, der gerade in ihrem Kopf explodierte, war so ungeheuerlich, dass ihr Gehirn sich weigerte, ihn zu

Ende zu denken. Was wäre, wenn Robert sterben würde? Bevor der Rettungswagen einträfe? Nein, so etwas konnte einfach nicht sein. *Es kann nicht sein, was nicht sein darf.* Warum, verdorri noch mal, dauerte das nur so entsetzlich lange? Faktisch waren seit ihrem Anruf lediglich sechs Minuten vergangen. Sie hatte jegliches Zeitgefühl verloren.

Endlich! Ein Wagen, wie sie ihn bereits zigmal gesehen hatte, hielt unmittelbar neben ihr. Zwei Sanitäter sprangen heraus und sprachen Robert an. Ob er aufstehen könne? Doch er verkrampfte sich erneut. Hanna musste den Blick abwenden, weil sie es nicht ertragen konnte. Schnell schob man ihn mit einer Trage in den RTW. Ob sie bitte mitkönne? Hanna bettelte beinahe. *Du bist für das verantwortlich, was du dir vertraut gemacht hast,* schien Foxi ihr soufflieren zu wollen. Vergeblich. Durfte man das überhaupt, sie von ihrem Mann fernhalten, fragte sich Hanna. Was würden sie mit ihm anstellen, das nicht für ihre Augen bestimmt war? Doch sie hatte keine Chance. Hätte sie gezetert, Theater gemacht, wäre vermutlich die Polizei hinzugezogen worden. Diese Frau sei hysterisch, die gehöre weggesperrt. Und wie sie nun im Auto saß und den RTW hypnotisierte, wo man Robert gerade behandelte, überlegte sie, ob man durch reine Willenskraft das Geschehen zu einem guten Ende bringen könne.

Im Haus gegenüber nahm Hanna wahr, wie eine Gardine neugierig gelupft wurde. Was denn bei den Marrés los sei? Als sie den Blick erwiderte, fiel die Gardine zurück. Und vor ihrem inneren Auge sah sie die letzte Zeit mit Robert vorüberziehen. Wie oft er nachts herumgegeistert, wie schnell er erschöpft gewesen war, wie wenig er gegessen hatte. Es gehe ihm nicht gut, hatte er damals zu ihr gesagt. Nun, dieser ganze Spuk würde sich hoffentlich bald aufklären. Und wenn nicht? Nein, nicht daran denken. Nicht *daran.*

Plötzlich klopfte ein Sanitäter an die Scheibe der Beifahrertür und holte Hanna aus ihren Gedanken zurück. Kaum brachte sie ihre Frage, von der sie nie gedacht hatte, sie einmal stellen zu müssen, über die Lippen. Ja, er lebe. Die Antwort klang erstaunt, als wenn ihre Worte abwegig gewesen wären. Doch auf eine Diagnose wollte man sich nicht einlassen, im Moment seien nur ein paar Auskünfte wichtig. Ob ihr Mann Medikamente nehme, ob er Vorerkrankungen habe? Schnell holte sie die Pillenschachteln aus dem Haus, ihre unheilvollen Ahnungen behielt sie für sich. Hier zählten nur Fakten. Dass man auf den Notarzt warte, erfuhr Hanna. Dass man Robert bereits eine Infusion mit starken Beruhigungsmitteln verpasst hatte, bekam sie nicht mitgeteilt.

Mit Ankunft des Arztes lief alles wie am Schnürchen. Ihr Mann müsse auf eine neurologische Station, ob sie mit den Krankenanstalten im Norden der Nachbarstadt einverstanden sei? Eine rhetorische Frage war das, weshalb Hanna nur nickte. Sie solle ruhig ins Haus gehen, das Krankenhaus werde sie anrufen, so bald Näheres bekannt sei.

Ruhig? Ruhig?? Die haben gut reden, dachte Hanna. Ihr Mann war auf dem Weg ins Krankenhaus, ohne dass sie wusste, was ihm fehlte. Und sie sollte *ruhig* sein? Während sie am Schlafzimmerfenster stand und nicht fassen konnte, was gerade passiert war, sah sie das Duisburger Auto auf ihr Grundstück einbiegen. Erleichterung machte sich in ihr breit. Nicht mehr allein sein mit diesem Grauen. Gemeinsam setzte man sich an den Esstisch, um zu warten. Vor wenigen Stunden war hier noch gefrühstückt worden. Wann würden sie beide dort wieder sitzen können, fragte sich Hanna beklommen und Emma schärfte ihr ein, sie solle nachher keinesfalls ans Telefon gehen. Sie selbst würde sich als Frau Marré ausgeben und die richtigen Fragen stellen.

Aber der Apparat blieb stumm. Hanna musste erneut an *Vom Winde verweht* denken. Als man darauf wartete, wie der Racheakt des Ku-Klux-Klans ausgegangen sei. In dieser Szene las Scarletts Rivalin Melanie aus *David Copperfield* vor, Kapitel für Kapitel, und zwischendurch wurden die Zeiger der großen Standuhr eingeblendet, die unaufhörlich weiterrückten. Jedes Ticken ein Herzschlag. Der Zeit und den Entscheidungen anderer, die sie nicht beeinflussen konnte, ausgeliefert zu sein, so fühlte sich auch Hanna. Was würde werden? Bislang war nur sie ernsthafter krank gewesen, jetzt schien es Robert zu sein. Ihr Fels in der Brandung. Aber sie sollte nicht so negativ denken, das würde nicht helfen. Noch wusste man nichts Genaueres, vielleicht würde sich ja alles zum Guten wenden. Vielleicht. Ein Wink des Schicksals, dass sich Robert mehr um seine Gesundheit kümmern sollte. *And they lived happily ever after.*

Und dann klingelte Hannas Handy. Auf dem Display erblickte sie eine bekannte Vorwahl, gefolgt von einer langen, unbekannten Nummer. Sogleich gab sie das Gerät an Emma weiter. Es sei kein Schlaganfall, das hörte sie schnell heraus. Und dass weitere Untersuchungen erforderlich seien. Robert liege auf einer *Stroke Unit,* der guten Überwachung wegen. Im Moment schlafe er, aber gegen Abend könne man anrufen und nachfragen, wie es ihm gehe.

Anrufen. Ach ja, anrufen. Jetzt erst fiel Hanna ein, dass sie auch Philipp benachrichtigen musste, was Emma ihr abnahm. Der 25-Jährige wollte nicht glauben, was seine Schwester ihm da berichtete. Der Papa sei mit dem Notarztwagen ins Krankenhaus gebracht worden? Ohne Vorwarnung??? In diesem Moment fanden die entspannten Tage in den Vereinigten Staaten, wo er mit seiner Freundin Urlaub machte, ein abruptes Ende. Unterteilt in ein Vorher und ein Nachher.

Als sie wieder allein war, fiel Hannas Blick auf den Stromkasten in ihrem Hausflur. Eine Art magnetische Pinnwand. So viele Erinnerungen an zurückliegende Urlaubsreisen hafteten dort. Eins der Andenken war jüngeren Datums. Erst vor kurzem hatten Robert und sie mit den Enkelkindern eine Ausstellung im Gasometer Oberhausen besucht. *Das zerbrechliche Paradies.* Alle waren sie beeindruckt gewesen. Wenn die Menschheit nicht aufwache und ihr Verhalten ändere, befinde sich die Erde in Überlebensgefahr. Und mit einem Mal dämmerte es Hanna, dass auch ihr ureigenes Paradies gefährdet war. Dass es *zerbrechlich* geworden war. Ein *Paradies,* in dem alles perfekt schien. Würde es nun kaputt gehen? Oder würde es lediglich einen Knacks bekommen? Und stärker werden als je zuvor? Wie bei einer Knochenfraktur, wenn sich über der Bruchstelle ein solides Narbengewebe bildete.

Auch ein Katzenmagnet, auf einer Kreuzfahrt erworben, befand sich auf der Pinnwand. Ein Blick auf die Uhr sagte Hanna, dass es Essenszeit für Renée war. Und sie gab ihr den Glibberfisch ins Emaille-Schälchen. Der Gedanke, sich davor zu ekeln, kam ihr gar nicht. Solche läppischen Befindlichkeiten gehörten zu ihrem früheren Leben. Robert konnte sie doch hier nicht mit allem allein lassen! Er durfte es einfach nicht. *Du bist für das verantwortlich, was du dir vertraut gemacht hast.*

Siebtes Kapitel

Ganz entgegen ihrer Gewohnheit schien sie keinen Hunger zu haben. Wie Falschgeld tigerte die Mieze durch sämtliche Räume und maunzte vorwurfsvoll. Wo denn der Papa bliebe, schien sie zu fragen. Ob es ihr deshalb nicht geschmeckt hatte? Dass sich Robert und Hanna als die »Eltern« ihrer Katze bezeichneten, löste bei familienfremden Personen oft ein Stirnrunzeln aus. Man könne es mit seiner Tierliebe auch übertreiben. Heute war es jedoch Renée, die irritiert wirkte. Robert verbrachte den Großteil des Tages zuhause. Und beim Fernsehen leistete sie ihm stets Gesellschaft. Dann kraulte er sie hingebungsvoll und sie schnurrte behaglich. Schon immer hatte er ein großes Herz für Tiere gehabt. Für Hunde sowie Katzen.

Genau wie die Vierbeinerin konnte es auch Hanna nicht verstehen. Er, der Krankenhäuser verabscheute wie der Teufel das Weihwasser, lag nun selbst dort. Von seiner eigenen Geburt abgesehen, war er nie Patient und immer nur Besucher gewesen. Meistens von Hanna. Fernab von den eigenen vier Wänden - wie würde er diesen krassen Wechsel verkraften? Von einer Minute auf die andere aus dem gewohnten Umfeld gerissen zu werden? Aber kein Krankenhausaufenthalt dauere ewig, versuchte Hanna sich und auch ihn zu trösten. Bestimmt würden die Ärzte bald mehr wissen und eine Therapie einleiten können.

Ohne Robert kam sich Hanna wie amputiert vor. Dieses Alleinsein, das sie gerade erlebte, fühlte sich anders an als sonst. Kein *Ich bin mal eben einkaufen und gleich wieder da*. Keine Autotür, die nach einer Stunde zugeschlagen und kein Haustürschlüssel, der dann im Schloss umgedreht würde. Und keine raschelnden Plastiktüten, die ins Esszimmer getragen würden - für Katzennäschen zum Beschnuppern freigegeben. Hanna schüttelte fassungslos den Kopf, immer und immer wieder. Wie der Wackel-Dackel, der einst auf der Hutablage im Simca ihres Vaters gestanden hatte. Wann würde dieser Albtraum ein Ende haben?

Erst gegen 19 Uhr konnte sie auf der Station anrufen. Wie sollte sie die Zeit bis dahin bloß totschlagen? *Totschlagen*. Und sie biss sich sogleich auf die Lippen. Nein, dieses Wort wollte sie von nun an nicht mehr benutzen. Zeit war ein viel zu kostbares Gut, als dass man es umbringen müsste. Deutsche Sprache, grausame Sprache, dachte sie. Dann fiel ihr die Krankenhaustasche ein, die Robert benötigen würde. Schlafanzughosen, T-Shirts, Boxershorts und ein Kulturbeutel, das war rasch zusammengepackt. Früher hatte sie sich gefragt, was wohl Zahnbürste und Gesichtscreme mit *Kultur* zu tun haben mochten. Bis sie, bei einem Anflug von Langeweile, den seltsamen Begriff googelte und erfuhr, dass es sich um die Verkürzung von »Körperkultur« handelte. Leider schafften mechanische Tätigkeiten nur kurzfristig Ablenkung. Erneut wirbelten allerlei Gedanken durch Hannas Kopf. Und sie erinnerte sich daran, dass sie mit Robert hatte reden wollen. Was mit ihm los sei.

Nach den vielen gemeinsamen Jahren hatte sie seine Gegenwart als zu selbstverständlich hingenommen. Aber war das nicht bei allen Eheleuten irgendwann der Fall? Doch wer eine Entschuldigung sucht, findet eine. Und Hanna musste an die zauberische Anfangszeit denken. An den Liebesrausch, der sich allmählich verflüchtigt hatte. Aber ihr allabendliches Kuscheln, diese unvergleichliche Intimität, hätte niemals abhandenkommen dürfen. Das war unverzeihlich. Welchen Anteil hatte sie daran gehabt? Und was wäre, wenn ... ? Mit einem energischen »Mama!« würde Emma in diesem Moment einschreiten und ihre Mutter zurechtweisen. Sie solle sich erst Sorgen machen, wenn man sich diese wirklich machen müsse. Ihre Tochter hatte Recht. Erstmal abwarten, was das Telefonat mit der Station bringen würde.

Wenn Robert nur durchkäme! Hanna nahm sich inständig vor, wieder die liebevolle Partnerin zu werden, die sie früher einmal gewesen war. Nie mehr wollte sie sich aufregen, wenn er so viel vor dem Fernseher saß. Wie gerne würde sie nun seine Serienkost mit ihm teilen. Sich zu ihm aufs Sofa setzen und auf Tuchfühlung gehen. Und ihr neues Buchprojekt könnte ihr gestohlen bleiben - oder zumindest würde sie es auf Eis legen. Nur solle er bitte wieder *der Alte* werden! Mit 70 sei er doch schon *der Alte,* hörte sie ihn in ihrem Kopf sagen. Und sah sein schelmisches Grinsen vor sich. Alles würde gut werden.

Schließlich war es soweit, Hanna hatte denjenigen Pfleger an der Strippe, der für Robert zuständig war. Ein einziger Pfleger nur für ihn, das beruhigte sie, genau wie die Worte, die sie dann vernahm. Die Werte seien stabil, zu einer möglichen Diagnose würde sich der Arzt wohl morgen äußern. Ob er das Telefon mal an das Ohr ihres Mannes halten solle? *Aber sicher dat!*, platzte es aus Hanna heraus. Mit so viel Glück hatte sie nicht gerechnet. Roberts Stimme klang so vertraut und dennoch irgendwie anders. Abgehackt, mit kleinen Pausen dazwischen, kamen seine Worte, als wenn er überlegen müsse, wie sein Satz weitergehen solle. Morgen früh, erzählte sie, würde sie ihn besuchen. Um wie viel Uhr, wollte er wissen und schien es nicht mehr erwarten zu können, sie wiederzusehen. Dann sagte sie ihm, wie sehr sie ihn liebe und wiederholte es gleich ein weiteres Mal. Doppelt hält besser.

»Ich liebe dich auch.« Nie hatte Hanna, so glaubte sie es jedenfalls, etwas Schöneres gehört. Benommen vor grenzenloser Freude, starrte sie ihr Handy an, das auf laut gestellt war. Natürlich hatte sie dergleichen bereits oft gehört. Konnte es Zufall sein, dass heute der Jahrestag ihrer ersten Liebeserklärung war? Vor mehr als 30 Jahren, bei einem Waldspaziergang, hatten sie eine einsame Bank entdeckt, die zu *ihrer* Bank werden sollte. Sie setzte sich hin und er legte sich lang, mit seinem Kopf auf ihrem Schoß. In einem »Wühl-Pool« der Gefühle würde er sich befinden, scherzte Robert. Und meinte es ernst wie nie zuvor in seinem Leben. Das *Ich liebe dich* kam unisono. *Du bist für das verantwortlich, was du dir vertraut gemacht hast.* Und das wollten sie sein.

Nach dem kurzen Telefonat kullerten Hannas Tränen ohne Unterlass. Ein Tempotuch nach dem anderen knüllte sie zusammen. Und ihr wurde bewusst, wie erschöpft sie war. Essen hielt bekanntlich Leib und Seele zusammen - doch wann hatte sie zuletzt etwas gegessen? Das Abendessen für Patienten wurde früh ausgeteilt, bestimmt hatte Robert bereits etwas bekommen. Wann immer Hanna im Krankenhaus lag, brachte er ihr etwas mit, worauf sie Appetit verspürte. Und manchmal sogar einen Piccolo. Gleich morgen wollte sie ihn fragen, ob er von seinem Mürbestuten essen wolle, den er in regelmäßigen Abständen selbst backte. Wenn dieser goldbraun aus der Kastenform rutschte, war ihm jedes Mal der Stolz anzumerken. Vielleicht eine Mini-Streichwurst dazu? Die mit der Mühle drauf, die mochte er besonders gern. Das würde etwas *Zuhause* in sein Krankenzimmer bringen. Sogleich schrieb sie eine To-do-Liste für den morgigen Tag und fühlte sich besser.

In der Tiefkühltruhe, die Robert, obwohl er nur wenig aß, stets gut befüllte, fand Hanna eine Thunfisch-Pizza. Ja, Pizza ging immer. Bald zog das Aroma von Tomaten, Käse und Gewürzen durchs Erdgeschoss. Als das Backblech auf der Arbeitsfläche stand, gesellte sich Renée zu ihr und beäugte das kreisförmige Gebilde, das so köstlich nach Fisch roch. Sie wollte gerade die dampfende Pizza auf ihren Teller befördern, als ihr plötzlich die Hände zitterten. Und schon war alles auf die Fliesen geplatscht. An jedem anderen Tag wäre sie aus der Haut gefahren, jetzt öffnete sie lediglich den Mülleimer. Eine Rolle Küchenpapier stand griffbereit auf der Fensterbank und mit einem Wisch war der Boden wieder sauber. Wie unwichtig manche Dinge werden können.

Was sollte sie nun essen? Hanna warf einen Blick in den Kühlschrank und fand ein Stück Flönz, eine kölsche Blutwurst-Spezialität. *Himmel und Erde*, das war eins von Roberts Leibgerichten. Eben diese Blutwurst, in Scheiben gebraten. Mit gedünsteten Zwiebeln, Kartoffelpüree und Apfelmus. Wenn er nach Hause käme, würde sie es für ihn zubereiten. Das sollte selbst ihr, der Köchin mit den linken Händen, einigermaßen gelingen. Heute aß sie die Blutwurst einfach aus der Hand. *In der Not schmeckt die Wurst auch ohne Brot.* Eine dusselige Redensart, die heute aber stimmte. Und sie merkte, wie müde sie war.

Sich in das große Bett zu legen und zu wissen, dass Robert im Laufe des Abends nicht folgen würde, machte Hanna wehmütig. Ob er, der allein in seinem Klinikbett lag, es ähnlich empfand? Oder hatte man ihn mit Schlafmitteln abgeschossen? In diesem Moment drohten ihre Tränen wieder zu fließen, doch Heulen half nichts. Sollte sie sich einen Chardonnay einschenken? Nein, das komme nicht in die Tüte, entschied sie, sie wolle einen klaren Kopf behalten. Für den Fall der Fälle. Und so nahm sie eine Mineralwasserflasche, das Festnetztelefon und auch ihr Handy mit ins Schlafzimmer. Falls sie mal eins der beiden überhörte. Die Nachttischlampe ließ sie an, wenn sie in der Dunkelheit aufspringen musste. Hatte sie sich wirklich aufgeregt, weil Robert spätabends die Deckenlampe angeknipst hatte? Ihn deswegen angepflaumt? In einem anderen Leben ist das gewesen, dachte sie. Sie wälzte sich hin und her, erst als es hell zu werden begann, fiel sie in einen unruhigen Schlaf, der kaum Erholung brachte. Das Telefonklingeln war ausgeblieben.

Achtes Kapitel

Kurz nach Neun holte Emma ihre Mutter ab, um mit ihr zum Krankenhaus zu fahren. Ob es am Wochenende lag, dass der *Corona-Testpoint* vor dem Portal unterbesetzt war? Bei den frischen frühherbstlichen Temperaturen reihten sich die beiden in die Warteschlange ein. Wahrhaftig kein Vergnügen, zumal ein leichter Nieselregen herunterging. Bibbernd rückten sie zusammen und beschlossen, ihre nächsten Antigen-Tests woanders machen zu lassen. Schirme hatten sie nicht dabei.

Da jeder Patient nur einen einzigen Besucher pro Tag empfangen durfte, wollte sich Emma in die Cafeteria setzen und warten.

Bestimmt blickte Robert bereits ungeduldig auf seine Armbanduhr. Es war elf Uhr durch, als Hanna sich endlich in der *Stroke Unit* anmelden konnte. Der Weg zum Krankenzimmer war schnell beschrieben und genauso schnell hätte sie dorthin eilen müssen. Aber dem war nicht so. Am liebsten hätte sie den sehnsüchtig erwarteten Moment des Wiedersehens noch weiter ausgedehnt. Weil sie sich um Jahrzehnte zurückkatapultiert fühlte. Mit 17 war sie tagtäglich bei ihrer krebskranken Mutter auf der Privatstation gewesen. Damals galten, auch ohne Corona, strenge Besuchszeiten, sodass man ihr eine Sondergenehmigung ausstellte. Eine Art Flatrate für unbegrenztes Kommen-Können. Und mit dem bangen Gedanken, wie es Mama wohl gehen würde, drückte Hanna jeden Nachmittag, nach der Schule, die Klinke zu dem Zweibettzimmer herunter. Nun, eine Klinke gab es für sie heute nicht.

Die Tür stand weit offen. Rasch warf sie einen Blick auf das erste Bett, nein, da war er nicht. Also musste er in dem anderen Bett, direkt am Fenster, liegen. Wie Blei fühlten sich ihre Füße an, als sie näherkam. Und dann zuckte sie zusammen. Das war nicht *ihr* Robert! Dieser Mann, der Roberts Gesicht hatte, lag auf der linken Seite und schlief. Verkabelt und überwacht durch diverse Monitore, auf denen Zahlen aufblitzten. Mit frei gestrampelten Beinen lag er da, auch sein restlicher Körper war nur unzureichend bedeckt. Angezogen, wenn man es denn so nennen wollte, hatte man ihn mit einem dieser Krankenhaushemden. Schließlich würde Hanna seine Wäsche heute erst mitbringen. Instinktiv griff sie nach Roberts Decke, unter der ein Schlauch wegführte und in einen gelb gefüllten Beutel mündete. Aber ihr Fokus richtete sich alleinig auf die Decke. Wie dünn diese aussah! Die konnte doch unmöglich wärmen. Ein Plümo, wie Hanna es von ihren Eltern kannte, war das jedenfalls nicht. Robert schlief gerne eingemuckelt, das wusste sie. Und während sie die Decke unter seinen Körper stopfte, schlug er die Augen auf und sah sie verwundert an, als wenn er ihr Gesicht nicht so recht einordnen könne. Als wenn er *das alles* nicht einordnen könne.

Sie sei es, seine Hanna, sagte sie. Und ein Lächeln des Erkennens huschte über seine Gesichtszüge. Sanft küsste sie ihn auf den Mund und strich ihm die verstrubbelten Strähnen aus der Stirn. Sein Gesicht wirkte aufgequollen. Er hat Infusionen bekommen, dachte sie, da ist zu viel Flüssigkeit im Körper. Und auf dem rechten Handrücken erblickte sie, wie zur Bestätigung, ein dickblaues Hämatom. Dort hatte man wohl die Nadel gesetzt. Wie locker sein Ehering mittlerweile saß! Ob Robert seit gestern Morgen überhaupt etwas gegessen hatte? Auch zuvor war ja Schmalhans sein Küchenmeister gewesen.

Nur schleppend kam die Unterhaltung in Gang. Wobei Hanna fragte und Robert antworten sollte. Doch das tat er nicht. Was war mit ihm los? Um diese beunruhigende Stille zu überbrücken, begann sie drauflos zu plappern. Dass sie seine Siebensachen mitgebracht habe und die Reisetasche dort auf der Fensterbank stehe. Und dann zählte sie auf, was da alles drin sei. Auch das Ladekabel ließ sie nicht aus. Für sein Handy, wenn er es später wieder benutzen könne. *Warum. Nicht. Jetzt.* Endlich sprach er, spuckte Wort für Wort förmlich aus.

Erneut fiel es Hanna auf, wie schlecht er Luft bekam. Wie kurzatmig er war. Sofort musste sie an den letzten Freitagabend denken. Dieser Zusammenbruch, dessen war sie sich nun sicher, konnte kein simpler Kreislaufkollaps sein. Und ihr wurde angst und bange zumute. Warum er *es* nicht *jetzt* haben könne, wiederholte Robert seine Frage, eine Spur weniger mühsam. Ein trotziges *Ich will aber* klang in seiner Stimme mit. Wie bei einem Kind, das nicht verstehen konnte, warum man ihm sein

Lieblingsspielzeug verweigerte. Denn genau das war sein neues Smartphone, mit dem er geradezu verwachsen schien. Erst müsse er richtig gesund werden, versuchte Hanna ihn zu beruhigen, dann ginge das schon wieder. Hoffentlich, setzte sie insgeheim hinzu. Hoffentlich. Wie sollte sie nur reagieren, wenn er sagte, dass er nach Hause wolle?

Zeitlebens hatten sie sich ohne Worte verstanden. Sie brauchten sich nur anzusehen und die Sache war geritzt. Vielleicht nicht mehr in der letzten Zeit, gestand sie sich ein. Doch ausgerechnet heute kam der Satz, den sie befürchtet hatte. *Er wolle jetzt nach Hause*. Und um seinen Worten Nachdruck zu verleihen, richtete er sich auf, was seine Kabel in gefährliche Schieflage brachte. Vorsichtig drückte sie ihn in die Kissen zurück. Ob er sich erinnere, was passiert sei? Er schüttelte den Kopf. *Er. Wolle. Jetzt. Nach. Hause* insistierte er, eine Tonlage schärfer. Hanna war ratlos, denn das kannte sie nicht von Robert. In allen Lebenslagen hatte er bislang einen klaren Kopf behalten und den Durchblick gehabt. Und mit einem Mal tat er ihr unendlich leid. Wenn man um die Sinnhaftigkeit einer Maßnahme wusste, konnte man eine Menge wegstecken. Aber das war im Moment nicht der Fall. *Scheiße mit Reiße* hätte sein Lieblingsautor Walter Kempowski dazu gesagt. Aus dessen Romanen konnte Robert vieles korrekt zitieren, so oft hatte er die Texte gelesen.

Hannas Herz blutete. Da näherte sich eine mütterlich wirkende Krankenschwester, die sich als Stationsschwester vorstellte. Eine Peruanerin, von der sie sofort dachte, dass Robert bei ihr gut aufgehoben sei. Der plötzliche Wechsel der vertrauten Umgebung habe ihren Mann verwirrt, erklärte sie, das käme bei älteren Patienten gelegentlich vor, würde sich aber in den meisten Fällen wieder legen. Der Herr Marré solle sich mal keine Sorgen machen, sie tätschelte seine Wange, das werde schon wieder. Dann nahm die erfahrene Schwester Hanna beiseite. Aus unerfindlichen Gründen weise das Blutbild ungewöhnlich hohe Entzündungswerte auf, raunte sie ihr zu. Heute habe sie die Visite leider verpasst, aber morgen sei der Arzt den ganzen Tag anwesend.

Was nun folgte, war die unvermeidliche Frage nach einer Corona-Erkrankung. Hanna verneinte, konnte aber nicht verhindern, dass sich eine neuartige Angst in ihr ausbreitete. Zahllose übereinander gestapelte Särge, wie sie in den Medien zu sehen waren, erschienen vor ihrem inneren Auge. Sicherlich hätte das Blutbild eine Covid-Infektion angezeigt, mahnte sie sich zur Ruhe. Aber woher mochten diese abnormen Entzündungswerte kommen? In Hanna poppte das Wort »Antibiotikum« auf. So ein Allheilmittel würde doch helfen. Dieser Gedanke machte ihr Mut. Genau wie die weitere Unterhaltung mit Robert, die sich zunehmend normalisierte. Was für eine Schweinerei, kommentierte er ihr Missgeschick mit der Pizza auf dem Fußboden. Zwar sprach er langsamer und angestrengter als sonst, aber er sprach. Sie atmete auf.

Dann wurde das Mittagessenstablett ins Zimmer getragen. *Chappi kommt,* pflegte ihre Mutter zu sagen, wenn sie den Essenswagen über den Flur scheppern hörte. Doch der Anblick des gefüllten Tellers entlockte Robert kein *Hmm.* Obwohl es Sauerbraten mit Spätzle gab, was er ausgesprochen gerne aß und nicht irgendeinen Schlabberkappes. Heute aber stocherte er nur darin herum, ohne das Besteck zum Mund zu führen. Manuell gibt es deutliche Defizite, konstatierte die *andere Hanna,* die plötzlich wieder aufgetaucht war. Eine Feststellung, mit der sich die *richtige Hanna* nicht auseinandersetzen wollte. Also schnitt sie das Fleisch in Häppchen und spießte jede Nudel einzeln auf. Ein mühseliges Unterfangen, bei dem das Essen kalt wurde und Roberts Appetit, sofern er überhaupt welchen verspürt hatte, noch mehr abnahm.

Sollte sie ihm von *Himmel und Erde* erzählen? Nein, dieses Gericht würde sie sich als Überraschung aufheben. Für seine allererste Mahlzeit zuhause. Augen zu, würde sie sagen, und jetzt könne er hingucken. Ob sie das alles wirklich selbst zubereitet habe, würde er staunend wissen wollen. Sie konnte seine Augen, in denen das alte Strahlen wieder erwacht war, förmlich vor sich erblicken. Das sehe aber lecker aus, da wolle er mal ordentlich zulangen. Weißt du noch, würde sie ihn fragen, wie du im Krankenhaus an dem Sauerbraten herumgemümmelt hast? Wie Philipp früher, als dieser noch klein war, habe sie ihn füttern müssen. Und beide würden sie lauthals lachen. Vor Glück, dass alles wieder gut geworden war. Hoffnung kreiert ihre eigenen Bilder. Dass es Trugbilder sein könnten, das wollte sie nicht in Erwägung ziehen.

Als das Essenstablett abgeräumt war, wurden Roberts Augenlider schwer und er gähnte. *Müde, matt, marode,* mehr sagte er nicht. Diese Worte kannte Hanna, auch sie stammten von Walter Kempowski. Dass Robert sich daran erinnerte, wertete sie als gutes Zeichen. Doch der Ursprung der Wortreihe lag nicht bei dem Schriftsteller selbst, sondern ging auf ein makaber anmutendes Kinderspiel zurück. Man würde im Kreis stehen und sich einen Ball zuwerfen. Wer diesen nicht schnappte, verlor eine seiner sieben Lebensstufen. Auf *gesund* würden *müde – matt – marode* folgen. Dann käme *krank,* danach *todkrank* und zu schlechter Letzt *tot*. Gut, dass Hanna davon keine Ahnung hatte. Sonst hätte sie ihr Quäntchen Zuversicht gleich in die Tonne kloppen können.

Neuntes Kapitel

Hanna traute ihren Augen nicht. Robert war angezogen! Jedenfalls oben herum. Zu seiner Pyjamahose trug er eins der T-Shirts aus der Krankenhaustasche. Sein Gesicht wirkte blass, aber das schob sie auf das helle Grau des Oberteils. Gestern hatte er, trotz des weißgrundigen Engelhemdchens, frischer ausgesehen, doch daran dachte sie nicht.

Oder wollte sie nicht daran denken? In sich versunken, zuckte sie zusammen, als sie eine Stimme hörte. Die nette Stationsschwester hatte leise das Zimmer betreten. Der Herr Marré gefalle ihr heute gar nicht, meinte sie, was Robert durchaus mitkriegte. Und er spielte den Verärgerten, so was konnte er gut. Ob sie, Hanna, *das* gehört habe? Eine richtige Unverschämtheit sei das - oder etwa nicht? Die Angesprochene atmete auf. Dieser Schalk in der Stimme, das war ihr Mann, wie sie ihn kannte und liebte. *Same same - but different.* Seine wenigen Worte klangen gepresst und er fing an zu husten. Hustete immer mehr. Eine Erkältung, selbst eine saftige, die ist doch halb so schlimm, dachte Hanna und verdrängte den Pessimismus der Krankenschwester. Hauptsache, sein Verstand war klar und er hatte seinen Humor wieder.

Fast wäre es ein normales Gespräch gewesen, hätte Roberts Husten es nicht alle Nasen lang unterbrochen. Was in der Tiefkühltruhe dringend weggegessen werden müsse, wollte Hanna wissen, wo die gelben Müllsäcke lägen und ob sie ihm morgen die NRZ mitbringen solle. Auf ihre letzte Frage erwartete sie im Grunde keine Antwort. Die Tageszeitung gehörte morgens mit dazu. Doch dann: *Das werde sich ziehen, bis er daran wieder Interesse habe.* Traurig hörte er sich an. Schicksalsergeben. Hanna durchfuhr es eiskalt. Was glaubte er zu wissen, was sie nicht wusste? Vielleicht hatte er nachts, wenn er am Esstisch saß, gegoogelt, welche Krankheit zu seinen Symptomen passen könnte. Und diese zu einem diffusen Bild zusammengefügt. Mit einem Mal galoppierten Hannas Gedanken wie wild davon. Befürchtete er etwas Schlimmes und wollte sie schonen? Aber war die Wahrheit dadurch besser zu ertragen? In ihr blitzte eine böse Erinnerung auf. Gut gedacht, aber schlecht gemacht. Auch die Eltern hatten ihr die Krankheit der Mutter verschwiegen. *Mama!* Wieder hörte Hanna im Geiste die Stimme ihrer Tochter. Es stehe nichts fest, trotzdem mache sie sich einen solchen Kopf.

Ein gebranntes Kind scheut bekanntlich Feuer.

Ach, die Lust am Zeitungslesen käme schneller zurück als gedacht, warf sie scheinbar leichthin in den Raum. Er solle mal abwarten, bis seine Medikamente - mit der Kinnspitze deutete sie auf die Infusionsschläuche - angeschlagen hätten. Aber Robert schüttelte nur den Kopf und fing wieder an zu husten, so dass die Schwester den Zeigefinger auf die Lippen legte. Ruhe sei die erste Bürgerpflicht. Dieser eine Satz, über das Desinteresse an lieben Alltagsgewohnheiten, hatte sich wie ein Terrier in Hannas Kopf festgebissen. Hilflos blickte sie zwischen Robert und der Tür hin und her. Wo denn der Arzt bliebe? Wenn man vom Teufel spricht ... Plötzlich tauchte der Mediziner im Türrahmen auf. Hochgewachsen, mittleres Alter und irgendwie gehetzt.

Und daher kam er, nach den üblichen Begrüßungsfloskeln, direkt zur Sache. Man habe bei ihrem Mann eine Pneumonie diagnostiziert, die bereits mit Antibiotika behandelt werde. Eine Lungenentzündung, übersetzte Hanna für sich, das Wort kannte sie aus dem Englischen, und stutzte. Eine Lungenentzündung??? Und bevor sie ihrer Überraschung Ausdruck verleihen konnte, dass man *davon* überhaupt nichts gemerkt habe, kein Fieber oder so, redete der Mediziner weiter. Verkompliziert würde das durch eine schlechte Konstitution und das Alter. Hannas ungläubiger Gesichtsausdruck ließ ihn innehalten. Ja, mit Anfang 70 gelte man bereits als Risikopatient. Ob ihr Mann rauche? Seit einer Ewigkeit nicht mehr, informierte sie ihn. Damals hatte sie ebenfalls aufgehört, weil Philipp in Planung gewesen war. Aber das behielt sie für sich.

Und dann erneut jene Frage - ob er an Covid erkrankt gewesen sei. Hanna zuckte nur mit den Schultern. Schließlich konnte man sich in jedem Supermarkt anstecken, nicht alle Kunden desinfizierten ihre Hände oder trugen hygienische Schutzmasken. Besonders der selbst genähte Fummel über Mund und Nase sah oft so aus, als ob er noch nie eine Waschmaschine gesehen habe. Natürlich wusste Hanna, dass auch für mehrfach Geimpfte, wie sie beide, die Gefahr nicht gebannt war. Und in diesem Moment setzte sich unaufhaltsam ein Gedankenkarussell in Bewegung. Robert musste sich unbemerkt infiziert und eine Lungenentzündung entwickelt haben. Atypische seien besonders tückisch, würde Emma sie später aufklären. Die kämen schleichend, wären aber genauso gefährlich. Doch der Arzt, der über ein Wie und Wo nicht spekulieren wollte, machte weiter. Ob ihr Mann in letzter Zeit weniger gegessen habe? Hanna, die Überempfindliche, glaubte sogleich eine Kritik an ihren hausfraulichen Qualitäten herauszuhören. Eine Frau müsse für das leibliche Wohl ihres Gatten sorgen. Eine berechtigte Kritik, was sie ärgerte. Ja, entgegnete sie spitz, *das* habe sie tatsächlich bemerkt. Dass sie am Herd eine Niete war, ging diesen Pascha nichts an.

Wieder nagte es an ihr, dass sie Robert nicht gefragt hatte, was mit ihm los sei. Von Tag zu Tag wurde dieses Wissen-Wollen vor sich hergeschoben. Oder hatte sie es überhaupt nicht *wissen wollen*? Würden ihre Fragen nun zu spät kommen? Ein geringer Appetit könne auf eine Depression hindeuten, sprach der Mediziner in ihre Überlegungen hinein. Hanna musste innerlich nicken. Wie oft war Robert in der Nacht aufgestanden. Hatte er sich mit Dämonen herumgeschlagen, die ihm den Schlaf raubten? Man müsse abwarten, wann die Antibiose Wirkung zeige, hörte sie den Arzt sagen und hatte das Gefühl, er spräche über eine fremde Person. Schon wollte er zum nächsten Patienten, als Hanna etwas einfiel. Ob der gemeinsame Sohn, der sich in den USA aufhielt, einen Flug nach Hause buchen solle? Die Antwort kam rasch. Vom momentanen Stand der Dinge sei das nicht zwingend erforderlich. In drei Tagen könne ihr Mann wieder fit sein, aber er könne auch auf der Intensivstation liegen. Ärzte sind keine Hellseher. Die Verabschiedung fiel kühl aus. Von diesem Piesepampel sollte nun die Gesundheit ihres Mannes abhängen? Hanna wurde es flau im Magen.

Robert schien erschöpft, seine Augen waren auf halbmast. *Müde, matt, marode* dachte sie und stellte sich vor, dass er ebenso denken mochte. Normalerweise hätte er sich nach den Ergebnissen des Arztgesprächs erkundigt. Warum man dieses an der Tür geführt und ihn nicht einbezogen habe? Das sei doch unziemlich. Dann hätte er nachgehakt, auf einer genauen Erklärung bestanden. Nicht zum ersten Mal schüttelte sie fassungslos den Kopf und verstand es nicht. Verstand ihn nicht. Wie konnte sich ihr Leben in so kurzer Zeit dermaßen verändern?

Unter der dünnen Bettdecke zeichnete sich eine schmale Silhouette ab. Ein Anblick, der Hannas Herz zerschnitt. Während sie Robert beim Schlafen zusah, beschloss sie, Philipp um die Änderung seiner Reisepläne zu bitten. Es würde ihren Mann aufbauen, den Sohn zu sehen. Seine Gegenwart täte auch ihr gut. Klar, auf Emma konnte sie sich verlassen, aber sie hatte deutlich weniger Zeit als Philipp, der noch studierte. Außerdem waren gerade Semesterferien.

Wieder zuhause, erledigte Hanna ein Minimum an Hausarbeit. Die äußere Ordnung aufrechtzuerhalten, damit sich die innere wieder einstellen konnte. Als sie auf dem Sofa eine Verschnaufpause einlegte, kam Renée zu ihr und sah sie mit großen Augen an. In diesem Moment musste sie an *Oscar* denken. Bei den Recherchen zu dem Buch, das sie über ihre Zwillingsschwester geschrieben hatte, war sie auf jenen Therapiekater gestoßen, der sogar einen eigenen Wikipedia-Eintrag besaß. Er lebte in den USA, in einem Pflegeheim, wo er sich bevorzugt auf den Betten todkranker Patienten niederließ. Diese würden kurz danach sterben, was das Internet sofort ausgeschlachtet hatte. *Wenn Kater Oscar schmust, kommt der Tod*. Eine Überschrift, die Hanna gleichermaßen geschockt wie fasziniert hatte. Seitdem war sie felsenfest davon überzeugt, dass Katzen übersinnliche Fähigkeiten besaßen. Auch *ihre* Katze.

Während Hanna dem Schnurren lauschte, lief in ihrem Kopf ein Film ab. Ihre Renée, in einem Tragekörbchen ins Krankenhaus geschmuggelt, würde freudig auf Roberts Bett springen. Ohne Scheu vor der fremden Umgebung würde sie ihr Köpfchen an seiner Wange reiben und ihn leise anmaunzen. Verwundert würde er die Augen aufschlagen. Was denn seine Miez-Maunz hier mache, würde er fragen. So nannte er Renée gerne. Denn jener Name, den man ihr im Tierheim verpasst hatte, war bei ihm negativ belegt. Von einem Blödian an Schüler, der in einer Lehrprobe ein Reagenzglas leer getrunken hatte statt nur daran zu riechen. Und in ihrem Film würde Hanna Blickkontakt zu den unergründlichen Katzenaugen aufnehmen. *Bette Davis' eyes.* Mach dir keine Sorgen, der Papa wird gesund, würde sie darin lesen können. Hätte sie gewusst, dass *Oscar* im letzten Februar, am 22.2.2022, verstorben war, wäre sie nicht wirklich erstaunt gewesen. Einer besonderen Katze, die 17 Jahre alt geworden war, gebührte eben ein besonderes Todesdatum. Einen Tag danach hatte Putin die Ukraine überfallen.

Zehntes Kapitel

The Games must go on. Das hatte Avery Brundage, der Präsident des Internationalen Olympischen Komitees, im Jahr 1972 verkündet, nachdem Terroristen die Münchner Spiele in ein Massaker verwandelt hatten. An diese Worte konnte sich Hanna noch gut erinnern. Nicht nur, weil es für die Trauerfeier, die live im Fernsehen übertragen wurde, unterrichtsfrei gab. Auch jetzt, genau ein halbes Jahrhundert später, musste ihr Alltag irgendwie weitergehen. Schockstarre hin oder her.

Bevor sie zum Krankenhaus fuhr, wollte sie noch einen Gang in die Apotheke einschieben. Sie brauchte neue Hautcreme, da der Tiegel, den Robert und sie gemeinsam benutzten, in die Krankenhaustasche gewandert war. Und während sie bezahlte, klingelte ihr Handy. Vor nur einer Woche hätte sie das Telefon in aller Seelenruhe aus ihrem Shopper gefingert. Jetzt griff sie hastig danach, fast wäre ihr die gesamte Tasche, wie die Thunfisch-Pizza, auf den Boden gefallen.

Den Anfang der Rufnummer erkannte Hanna, die restlichen Ziffern waren ihr fremd. Am liebsten hätte sie nicht reagiert, so viel Angst verspürte sie. Wie der Vogel Strauß den Kopf in den Sand stecken. Natürlich meldete sie sich, doch von all den Worten, die sie hörte, drang nur ein einziges wirklich an ihr Ohr. *Intensivstation*. Und die Wände um sie herum begannen zu wanken. Nein, nicht ohnmächtig werden, befahl sie sich. Auch wenn es ungünstigere Plätze gab, an denen man umkippen konnte als in einer Apotheke.

Hanna holte tief Luft, zählte innerlich bis zehn - und fragte nach. Bei ihrem Mann sei ein Harnwegsinfekt aufgetreten, fuhr die Stimme fort, vermutlich infolge des Katheters. Hört sich ja nicht so dramatisch an, wollte sie schon denken, doch die Frau am anderen Ende war noch nicht fertig. Leider habe sich *on top* eine Sepsis entwickelt. Hanna stockte der Atem, eine kleine Pause entstand. Wieder übersetzte sie für sich: eine Blutvergiftung. Ob sie, die Frau Marré, noch am Apparat sei? Jaja, beeilte sie sich zu sagen, nicht dass sie abgehängt wurde. Eine Sepsis, sei die nicht lebensgefährlich? Das letzte Wort brachte sie nur geflüstert heraus, als wenn es dadurch weniger schrecklich wäre. Deshalb also die Verlegung auf die Intensivstation, dachte Hanna. Und sie versuchte zu verstehen, was passiert war. Jene Bakterien, die Roberts Lungen- und Blasenentzündung ausgelöst hatten, waren in den Blutkreislauf gelangt. Ein Super-GAU für seinen Körper. Das Immunsystem würde zwar reagieren, aber in seiner Panik auch gegen die eigenen Organe schießen und sie außer Gefecht setzen. Ein Teufelskreis, den es schnellstens zu unterbinden galt. Aber inzwischen sei der Zustand stabil, wurde Hanna beruhigt. Daher dürfe sie gerne nachmittags, zu den üblichen Besuchszeiten, vorbeikommen.

Wie betäubt setzte sich Hanna in eine Warteecke, sah die Menschen, die an den Bedientheken standen und sah sie wiederum nicht. Wie aus der Welt gefallen, so fühlte sie sich. Schließlich gab sie sich einen Ruck, sie musste unbedingt ihren Kindern Bescheid sagen. Philipp war entsetzt. Und froh zugleich, sein Ticket in der Tasche zu haben. Der Vater seiner Freundin fahre ihn gerade zum Flughafen. Was für eine nette Geste, fand Hanna. Morgen früh würde seine Maschine in Düsseldorf landen. Dann kam der Sohn seiner Mutter zuvor. Wohlweißlich. Mit der Bahn sei er schneller zuhause, als wenn sie ihn abhole. Ja, das mag wohl so sein, dachte sie. Die Vorstellung, dass viele Autofahrer sie am liebsten anschieben würden, entlockte ihr ein Grinsen. Dann rief sie Emma an, ihr würde sie keine medizinischen Details erklären müssen.

Hätte sie sich heute vor einer Woche ausmalen können, im Vorzimmer einer Intensivstation zu warten, um Robert sehen zu können? Nie wäre ihr das in den Sinn gekommen. Und die bekannte Bangigkeit, wie sie ihn vorfinden würde, steigerte sich mit jeder Minute, die sie warten musste. Ihr Herz schlug bis in den Hals, als wolle es den Körper verlassen. Endlich. Robert lag in einem Einzelzimmer, umgeben von hochkomplizierter Technik. Ein Paradies für *Medizininformatiker*. Ob das später ein Beruf für Philipp sein könnte, überlegte Hanna einen Moment lang und wunderte sich, dass sie jetzt so einen Gedanken haben konnte. Trotz seiner Verkabelung und dem Ungetüm von Sauerstoffmaske schien Robert aufmerksam die Tür zu beobachten. Wann sie wohl käme. Sie, ein Lichtblick im Dunkel dieser verfahrenen Situation, die er nicht durchblickte. Und in seinen Augen spiegelte sich eine solche Freude, dass es Hanna ganz warm ums Herz wurde. Dennoch war es ein Albtraum. Bleich und hinfällig sah Robert aus, irgendwie Ton in Ton mit der Bettwäsche und der Wandfarbe. Und sie hoffte nur, er würde nicht hinter ihre mühsam errichtete Fassade gucken können.

Ihr Mann befinde sich in der Vorstufe zur invasiven Beatmung, erklärte der Oberarzt, der auf einmal neben ihr stand. *Invasiv? Invasion.* Intuitiv verstand Hanna, aber eigentlich wollte sie es nicht und ihre Augen blickten leer in die Gegend. Der Mediziner zögerte, bevor er weitersprach. Dann war es heraus: Falls die manuelle Sauerstoffzufuhr über die Maske nicht ausreiche, müsse man ihren Mann künstlich beatmen. Tue das nicht entsetzlich weh, entfuhr es Hanna, wenn man Schläuche in die Lunge einführe? Eine Vollnarkose, die bekäme er doch? Ein freudloses Lächeln glitt über das Gesicht des Arztes. Ohne ein künstliches Koma, er senkte seine Stimme, gehe das gar nicht. Im Wachzustand würde das niemand mit sich machen lassen.

Hanna hörte das Rauschen in ihren Ohren und befürchtete, diesmal tatsächlich umzukippen. Schnell reichte man ihr ein Glas Wasser und dann ging es wieder. Ihr Gehirn rotierte. Ob Robert diesen fatalen Satz verstanden hatte? Erneut fiel ihr Kempowski ein: *Müde. Matt. Marode.* Und sie ergänzte das Zitat. *Krank.* An die nächste Stufe mochte sie nicht denken. Der Arzt fixierte sie. Ob diese Frau hier gleich auf dem Boden liegen werde? Das brauche man jetzt wirklich nicht. Und so sprach er ihr Mut zu. Ihr Mann sei ja neurologisch wach, da zögere man diese Maßnahme weitmöglichst hinaus. Aber er müsse die Maske, abgesehen von der Nahrungsaufnahme, ständig tragen. Mit diesem Plastikdingens im Gesicht kann man doch gar nicht sprechen, hätte Hanna gerne gesagt. Aber was soll's. Also war sie es, die erzählte. Von Philipp, der bald in Düsseldorf ankomme und von Miez-Maunz, die ihren Papa sehr vermisse. Die ganze Zeit lang hielt sie Blickkontakt zu Robert, den er zu ihrer Freude erwiderte. Als verliebtes Paar hatten sie oft den *Ten second test* gemacht. Sich so lange in die Augen geschaut, bis einer von ihnen dem Blick nicht mehr standhalten konnte. Doch jene Angst, die sie nun in seinen Augen zu erkennen glaubte, war gänzlich neu.

In diesem Moment sagte Robert etwas. *Schau mir in die Augen* - war es das, was sie gerade gehört hatte? Doch dann verstand sie. Nein, etwas zu trinken wollte er und buchstabierte das Wort förmlich, damit die Message bei ihr ankam. Sicherlich, nichts leichter als das! Sie klingelte nach einem Pfleger, der die Maske abnahm und ihm eine Schnabeltasse hinhielt. Wenige Schlucke nur. Ob das schon ausreiche, fragte Hanna erstaunt. Offensichtlich nicht. M-e-h-r, kam es von Robert. M-E-H-R. Der junge Mann schüttelte bedauernd den Kopf. Durch die Infusionen bekomme der Körper ausreichend Flüssigkeit, es sei nur die trockene Luft unter der Maske, die das Durstgefühl hervorrufe. Trinken war ein Grundbedürfnis. Es ihm zu verwehren - wie grausam war das denn? Und wenige Sekunden lang dachte Hanna, ob ein künstliches Koma vielleicht gnädiger wäre. Von diesem ganzen Kladderadatsch nichts mitzubekommen. Einfach nur tief zu schlafen und zu träumen, bis die Ärzte der Meinung waren, dass es nun aufwärts gehen werde.

Robert schien müde. Gottseidank, dann brauchte er den quälenden Durst nicht mehr auszuhalten. Sie müsse jetzt gehen, sprach Hanna in die Stille des Raumes hinein, die Besuchszeit sei auf eine Stunde begrenzt. Dann kam sie ganz nahe zu ihm, so nahe, wie Schläuche und Maske es ihr gestatteten. *Ich liebe dich.* Dabei drückte sie seine Hand so fest, als ob sie diese nie wieder loslassen wolle. Mit erstaunlich viel Kraft, was seine Stimme nicht hatte vermuten lassen, erwiderte er den Druck. Fühlte er ebenfalls, wie wertvoll dieser Moment war? Wie ein kostbares Schmuckstück, das es in der Gedächtnisschatulle aufzubewahren galt.

Du bist für das verantwortlich, was du dir vertraut gemacht hast. Ein Pfleger, der sie auffordern würde zu gehen, war nicht in Sicht und so blieb sie an Roberts Seite sitzen, bis er eingeschlafen war.

Stilvoll war anders. Eine Plastikschale mit Kartoffelsalat aus dem Kühlschrank, daneben ihr Laptop, auf dem *Flight Radar 24* lief. Wann immer jemand aus der Familie in der Weltgeschichte umherjettete, hatten Robert und sie den Start am PC verfolgt. In Echtzeit sozusagen. Wie Abheben aus zweiter Hand war das gewesen. *Wir zwei fahren irgendwohin, wo ich ganz allein mit dir bin.* Dieser Oldie hätte zutreffen können, tat es aber nicht. Hatten Robert die Ferien ohne Philipp keinen Spaß mehr gemacht? Die Sorge um die Tiere - wer sich um sie kümmern solle – war das nur ein Vorwand gewesen? Die Betreuung des Berner Sennenhundes hatte sich erledigt, aber die Katze ... Nun stand es in den Sternen, ob sie beide überhaupt noch einmal *irgendwohin fahren* würden. Wenn Robert nur gesund würde! Oder wenigstens halbwegs gesund. Dann wäre sie wunschlos glücklich, eine Reise würde sie nicht mehr brauchen. Erstaunlich, wie ein Ereignis die Sicht auf die Dinge verändern konnte. Hanna blickte auf den Bildschirm und ärgerte sich. Über ihren Grübeleien hatte sie Philipps Start verpasst. Jetzt war die Lufthansa bereits dort, wo sie hingehörte. In der Luft.

Was man am meisten befürchtet, muss nicht zwangsläufig eintreten. Festnetztelefon und Handy blieben still. Und so war der einzige Ton, den Hanna später im Schlafzimmer hörte, ein gleichmäßiges Schnurren. Im Dunkel der Nacht konnte sie sich der Vorstellung hingeben, dass es Robert war, der neben ihr lag und leise vor sich hin schnarchte. Natürlich war es Renée, die sich in Hannas Kniekehle schmiegte. Von nun an würde sie es jeden Abend tun, als wenn sie ihrer Mama mit dieser akustischen Täuschung helfen wolle. Und Hanna, die eine Seitenschläferin war, würde es genießen. Ob die Katze Roberts Geruch in der Bettwäsche wittern konnte? Höchstwahrscheinlich. Schließlich besaß sie drei Mal so viele Riechzellen wie ihre Menschenfamilie. Die hat es gut, dachte Hanna noch, bevor sie wegdöste.

Katze müsste man sein.

Elftes Kapitel

In der Cafeteria lief der Nachrichtensender NTV. Hier saß Hanna nun mit ihrer Cola auf einem der unbequemen Plastikstühle, während Philipp gerade bei seinem Vater war. Sie hatte ihrem Sohn, der seinen Jetlag ausgeschlafen hatte, selbstverständlich den Vortritt gelassen. Nur ein Besucher pro Tag war erlaubt. Klare Sache, dass er sich mit eigenen Augen überzeugen wollte, wie die Dinge standen. Schließlich hatte er deswegen seinen Urlaub in den USA abbrechen müssen.

Pomp and Circumstances. Typisch britisch eben. Interesselos ließ sie die Bilder aus London an sich vorüberziehen. Die britische Metropole war ein urbaner Hochsicherheitstrakt. Kein Wunder, denn man bereitete die Beisetzung von Elizabeth II vor. Noch nicht lange war es her, dass Hanna einen Zwangsaufenthalt in der Gelsenkirchener Bahnhofsbuchhandlung eingelegt hatte, weil sie auf ihren Bus nach Oberhausen warten musste. Und vor ihrem inneren Auge sah sie die zahlreichen Zeitschriftencover mit dem Konterfei der verstorbenen Monarchin. Eine gefühlte Ewigkeit schien das her zu sein. Sieben Tage, in denen ihr Leben komplett aus den Fugen geraten war. Obwohl sie die englischen Royals liebte, mochte sie sich unter den gegebenen Umständen keine Beerdigungsvorbereitung ansehen. Hier kam ihre abergläubische Ader wieder voll zum Zug. Sich vorzustellen, dass ... Nein, an *so etwas* wollte sie nicht einmal denken.

Wie lange Philipp schon bei seinem Papa war!

Da hatte das Personal aber beide Augen zugedrückt. Vielleicht waren sie informiert, dass er extra aus Übersee angereist war. Als er sich endlich, mit einem Kaffee in der Hand, neben sie an den Tisch setzte, konnte sie es kaum glauben. Wie euphorisch er wirkte! Der Papa sei besser drauf als erwartet, sprudelte er los. Sein Sauerstoffgehalt im Blut habe zugenommen, weshalb er nur noch die Zufuhrschläuche brauche, aber keine Maske mehr. Sie hätten sich sogar unterhalten können.

Unterhalten? Wieder konnte es Hanna, die Robert noch gut vom gestrigen Tag in Erinnerung hatte, kaum glauben. Das soll tatsächlich möglich gewesen sein? Ein kleines, nein, ein großes Wunder war das. Er habe dem Papa Fotos von seiner Freundin und ihm gezeigt, erzählte Philipp weiter, die er auf dem Handy hatte. *Schön, schön,* habe dieser gesagt und glücklich gelächelt. Und dann habe er die Finger seines Vaters genommen und diese auf der Bettdecke Klavier spielen lassen. Hanna staunte Bauklötze. Wie sehr ihn die Gegenwart seines Sohnes beflügelt haben musste! Nicht nur äußerlich war Philipp eine jüngere Ausgabe von Robert, es war auch die Liebe zur Mathematik und zur Musik, die beide verband und die jegliche Worte überflüssig machte. Robert und Philipp beherrschten die weißen und schwarzen Tasten so virtuos, dass sich Hanna beim Zuhören in eine andere Welt versetzt fühlte. Wie ihre Trance beim Lesen war das.

Ob er mit einem Arzt habe reden können, wollte sie wissen. Ja, das habe er. Man müsse die nächste Nacht abwarten, über den Berg sei der Papa wohl noch nicht. Auch eine künstliche Beatmung sei nicht vom Tisch. Philipp schien so zuversichtlich, dass Hanna ihm gerne geglaubt hätte. Doch sie traute dem Braten nicht. Als geborene Pessimistin war ihr Weinglas nie halb voll, sondern immer halb leer. Sollte sie auf der

Station fragen, ob sie Robert ebenfalls sehen könne? Wo er doch offensichtlich so gut drauf sei. Dann schüttelte sie den Kopf. Nein, sie wollte der Zukunft vertrauen. Alles würde so passieren, wie es passieren sollte. *Inch'Allah.* Und die Gänsehaut-Stimme des belgischen Chansonniers Salvatore Adamo, lange vergessen, drang an ihr Ohr. Mit diesem Lied, dessen Text heute nicht mehr möglich wäre, hatte er 1967 die Charts gestürmt. Es war die erste Single, die sie sich gekauft hatte. Obwohl sie von den französischen Worten kein einziges verstand.

Am nächsten Morgen klingelte das Telefon.
Es war die Nummer der Intensivstation.

Und im selben Moment ahnte Hanna es, gerade weil gestern alles so positiv ausgesehen hatte. *Allzu* positiv. Roberts Sauerstoffwerte seien im Laufe der Nacht dermaßen in den Keller gesackt und seine Luftnot immer stärker geworden, dass man sich zu einer künstlichen Beatmung entschlossen habe. Der *Worst Case,* den Hanna stets im Hinterkopf gehabt hatte, war eingetreten. Warum sie nicht angerufen worden war, wollte sie fragen und ließ es dann. Was hätte sie schon ausrichten können? Bei diesem Eingriff hätte sie sowieso nicht anwesend sein dürfen. Und nun habe ich ihn nicht mehr in wachem Zustand gesehen, ihn nicht mehr gesprochen, kam es Hanna in den Sinn. Doch sie wollte ihrem Sohn die gemeinsam verbrachte Zeit nicht neiden, das wäre ausgesprochen fies gewesen. Aber sie konnte ihre Tränen, die sie auch aus Mitleid mit sich selbst weinte, nicht zurückhalten.

So fand Philipp seine Mutter vor, als er, vom Klingeln aus dem Schlaf gerissen, ins Esszimmer kam. Zusammengesunken am Tisch und heulend wie ein Schlosshund. Auch er hätte gerne geweint, aber er fühlte, dass er jetzt stark sein musste. Und außerdem - seine sanfte Stimme nahm einen ungewohnt scharfen Ton an – bedeute dieses künstliche

Koma doch kein Todesurteil! Es werde Papas Körper eine Ruhepause verschaffen, in der dieser sich regenerieren könne. Nicht mehr und nicht weniger. Das solle sie, die Mama, niemals vergessen und nicht gleich alles rabenschwarz sehen. Warum sie immer so pessimistisch sei?

Dein Wort in Gottes Ohr, dachte Hanna.
Er würde nicht würfeln.

Bertrand Barnier (Louis de Funès):

… 600.000 Franc in Banknoten sind in dem Koffer da vor Ihnen. Wenn Sie meine Tochter heiraten, bekommen Sie die Summe. Gehen Sie hin, Sie können nachzählen. Wenn Sie mir nicht glauben, dann wird Sie der Inhalt überzeugen. Also öffnen Sie den Koffer, Sie werden staunen. Allez hopp! Ran ans Bargeld! Mäuse, Piepen, Kohle. Mach das Köfferchen auf, denn ist Geld zuhauf …

Christian Martin (Claude Rich) öffnet besagten Koffer und zieht einen BH heraus. Barnier rastet aus:

Ah! Aaahhhhhh!

Ich hab Hirnsausen! Hirnsausen! Es ist aus …

(aus *Oscar*, einer turbulenten Komödie um drei vertauschte Koffer, mit Louis de Funès in der Hauptrolle)

Zwölftes Kapitel

Das kann doch nicht wahr sein, dachte er. *Hirnsausen.*

Aus dem Mund eines Synchronsprechers hatte er es zum ersten Mal gehört, im Original kam es von Louis de Funès. Ein Brausekopf, der in seinen Filmen von einer aberwitzigen Situation in die nächste schlitterte und sich dabei echauffierte wie einst das HB-Männchen im Werbefernsehen. Über stilvollen Klamauk konnte Robert Tränen lachen. So war es nicht weiter verwunderlich, dass er das eigenartige Wort adoptierte. Als Synonym für ungläubiges Staunen, das er oft verwendete, wenn er mit seinem Bruder Klaus am Telefon herumflachste. Dann sprach er es mit drei »r« aus. Und mit einer Kunstpause.

Hirrrn-sausen. Heute (Oder war es gestern gewesen?) hatte man ihn von der Außenwelt abgeschnitten. Nun lag er regungslos in seinem Bett, selbst die Augenlider verweigerten ihm den Dienst. Sehen war also nicht möglich, vom Sprechen ganz zu schweigen. Was war passiert? Hatte man ihn, wie prognostiziert, in ein künstliches Koma versetzt? Höchstwahrscheinlich. Schweigend hatte er alles mitangehört, doch nun stand ihm der Sinn nach Protest. Dass man das nicht mit ihm machen könne! Einfach über seinen Kopf hinweg bestimmen! Wie Louis de Funès wollte er sich aufregen, wie ein Irrwisch herumspringen und mit dem Fuß aufstampfen. Aber es ging nicht. Nichts ging mehr.

Plötzlich musste er an die Patientenverfügung denken, die Hanna und er beim Notar unterschrieben hatten. Im Vertrauen aufeinander. Und danach hatte er das Dokument wieder vergessen. Irgendwann einmal würde es vielleicht wichtig werden. Dass diese Zukunft lange vor ihrer Zeit eingetreten war, machte ihn fassungslos. Ja, er hatte seine Gesundheit sträflich vernachlässigt und nicht hinsehen wollen. Jetzt war ihm die Verantwortung weggenommen worden. *Wer nicht hören will, muss fühlen.* Ob sein Schicksal nun besiegelt war? So wie Nero, seinen Daumen hoch oder runter, die Gladiatoren auf die Galeeren geschickt hatte. Wieder wollte er *Hirnsausen* bekommen und es fuchste ihn, dass er rein gar nichts tun konnte. Aber halt! So gänzlich ausgeknockt, wie man es auf der Station glaubte, hatte man ihn nicht. Obgleich er sich schläfrig fühlte, funktionierte sein Kopf wie früher. Wenn diese Ärzte wüssten, dass er durchaus alles mitkriegte! Gerne hätte er jetzt gegrinst. Weil es auf medizinischen Landkarten noch weiße Flecke gab.

Bis zur Brust war er zugedeckt. Ein wonnigliches Gefühl, das Erinnerungen weckte. An Hanna, die sich an ihn kuschelte. Socken im Bett? Das sei was für alte Leute, hatte er gesagt, wenn sie sich, wegen ihrer chronisch kalten Füße, mit Strümpfen hinlegte. Nun hatte man auch ihm Socken angezogen, das spürte er. Graue Stoppersocken, das Präsent einer bekannten Medizintechnikfirma, wie Emma später feststellen würde. Zuhause (Wie lange war das eigentlich her?) hatte er Dokus über den Russlandfeldzug der deutschen Wehrmacht verschlungen. Fasziniert davon, wie das Überleben-Wollen den widrigsten Umständen trotzen konnte. Wobei er Entsetzliches erfuhr. Hans-Joachim Kulenkampff, der charmante Entertainer, musste als Soldat in den Osten, wo die eisigen Temperaturen nicht ohne Folgen blieben. Kein Lazarett in der Nähe, eine Sepsis umso mehr. Was eine nicht zu unterschätzende Gefahr bedeutete, wie Robert inzwischen wusste. Kulenkampff machte kurzen Prozess und amputierte seine Zehen mit dem Taschenmesser. Ob man ihm den »Gefrierfleisch-Orden« verliehen hatte? Angeblich solle man erfrorene Gliedmaßen nicht mehr spüren. Auch Robert hatte kein Gefühl in den Zehen. Er bemerkte lediglich, wie ein leichter Lufthauch seine Füße streifte. Jemand musste die Bettdecke gelupft haben. Diese Schwarz-Färbung sei unbedingt zu beobachten, hörte er eine Männerstimme, das sehe nicht gut aus. Worte, die er ignorieren wollte.

Dass man ihn auf dem Bauch gelagert hatte, störte ihn nicht. Nun bekam er besser Luft. Zwar fühlte er den Fremdkörper in seiner Lunge, doch eigenartigerweise tat ihm das nicht weh. Ob es sich um einen Schlauch handelte, den man in die Luftröhre eingeführt hatte? Das war es wohl, was man unter invasiver Beatmung verstand. Aber im Grunde war es ihm herzlich egal, ändern konnte er sowieso nichts mehr. *Da machst du nix.* Aber dieses künstliche Koma hatte auch was Gutes, denn sein Mund fühlte sich nicht länger wie eine Wüste an. So ausgedörrt. Durst ist schlimmer als Heimweh, diese Redensart stimmte wirklich. Und nun befand er sich in einer Art zufriedener Bedürfnislosigkeit, wie er sie nie zuvor gekannt hatte.

Im vergangenen Jahr, kurz vor Heiligabend, war Robert mit Bert zur Tierärztin gefahren. Zum allerletzten Mal. Der Tod seines vierbeinigen Kumpels hatte ihm einen gewaltigen Schlag versetzt. Ein Leben ohne Hund, fünf hatte es gegeben, konnte er sich nicht vorstellen. Wann er sich denn einen neuen Vierbeiner anschaffen werde, wurde er gelöchert und schüttelte nur den Kopf. Dafür sei er zu alt. Philipp konnte ihm die regelmäßigen Runden mit Bert nur noch gelegentlich abnehmen. Hanna, die sonst so Sensible, war mit ihrem neuen Buch beschäftigt und schien seinen Kummer nicht wahrzunehmen. Hätte er sie mit dem Finger darauf stoßen sollen? Auf sein geändertes Profilbild bei WhatsApp war kaum jemand eingegangen. Ein Foto, das Bert im mystischen Frühmorgenlicht des Waldes zeigte. Neu war auch der Spruch, der im Grunde nur ein einsames Wort war. *Angekommen.* Damals hatte er nicht groß darüber nachgedacht. Aber jetzt fand er, es höre sich so an, als ob er, das verwaiste Herrchen, ebenfalls Sehnsucht nach einem solchen Ort habe. Warum hatte Hanna seine Traurigkeit nicht bemerkt? Sie war eben mehr der Katzen-Typ, entschuldigte er sie, während er *alle* Tiere liebte. Na gut, Hunde liebte er ein klitzekleines bisschen mehr.

Hanna. War das nicht ihre Stimme? Wie gerne hätte er mit ihr gesprochen! Dass sie sich keine Sorgen machen müsse, ihm gehe es gut. So unbeschwert wie jetzt habe er sich lange nicht mehr gefühlt. Seine gesundheitlichen Probleme schienen weit in den Hintergrund gerückt, aber weg waren sie natürlich nicht. Wie war es dazu gekommen?

Irgendwann hatte es angefangen und war immer schlimmer geworden. Doch er wollte nicht darüber nachdenken, wie er so schnell im Krankenhaus und nun auf der Intensivstation hatte landen können. Wehret den Anfängen, hätte Hannas Oma gesagt. Er hatte die alte Dame noch kennenlernen dürfen, die ihre letzten Lebenstage mehr schlecht als recht in einem Altenheim verbringen musste. Geistig fit zu sein unter »Bekloppten«, wie sie oft sagte, das sei hart gewesen. Hart war es auch für Hanna. Sie könne das alles nicht fassen, hörte er sie schluchzen. Nein, fassen konnte er das auch nicht. Aber er hatte es kommen sehen und den Anfängen nicht gewehrt. Gerne hätte er sie getröstet, ihre Hand genommen, sie gedrückt. Das sei Wunschdenken, würden andere sagen. Es *ist* Wunschdenken, sagte *er*, im wahrsten Sinne des Wortes. Denn von Anfang an waren sie Seelengefährten gewesen, hatten sich ohne Worte verstanden. Diese besondere Chemie würde auch heute seine Gefühle sichtbar machen. Dass er immer, egal was passiere, bei ihr sein werde. In diesem Moment hörte er ein Musikstück. Kam es von dem kleinen CD-Player, den er gesehen hatte, als man ihn in das Zimmer brachte? *Zwei wie wir, die können sich nie verlier'n,* sang der alterslos scheinende Udo Lindenberg. Das konnte nur Hanna veranlasst haben!

Zu Beginn des neuen Halbjahres hatten sich zwei Lehramtsanwärterinnen in seiner Schule vorgestellt. Der Schulleiter war abwesend, also musste Robert in seiner Funktion als Konrektor die jungen Damen begrüßen und dem Kollegium vorstellen. Die eine war überhaupt nicht sein Typ. Eine allzu selbstsichere Blondine mit burschikosem Haarschnitt und großer Klappe.

Privat machte er, der Zurückhaltende, einen Bogen um diese Art von Frauen. Besser solo bleiben als mit so einer anbandeln! Da gefiel ihm die andere schon besser, die sich weit weniger in den Vordergrund drängte. Hanna hieß sie. Ein schöner Name. Passend zu ihrer aparten Erscheinung. Dunkle Haare, dezent geschminkt und weinrote Spangenschuhe. Und tief in sich ahnte er, dass dieser Moment sein Leben von Grund auf umkrempeln würde. Ob Hanna diejenige war, auf die er bereits so lange wartete? Als Mathematiker war Robert ein Stratege. Klammheimlich begann er, die junge Kollegin im Lehrerzimmer zu beobachten, wann immer er sich unbeobachtet glaubte. Und ein Kribbeln erfüllte ihn, wie er es nicht kannte. Wie echter Champagner, den er zwar noch nie getrunken hatte, sich aber so vorstellte. Prickelnd, berauschend. Marke »Hanna«. Und mit jedem Schluck fühlte er freudige Erregung und fuhr sich mit der Zungenspitze genießerisch über die Lippen, als wolle er das letzte Tröpfchen des edlen Gesöffs auskosten.

Wenn er wohlbehalten aus dem Krankenhaus käme, würde er erst einmal eine Flasche *Moët & Chandon* besorgen. Und sie würden doppelt anstoßen. Auf das gute Ende, das seine Krankheitsgeschichte genommen hatte und auf ihrer beider Anfang. Als er, damals im Lehrerzimmer, in einer großen Pause über seinen eigenen Schatten gesprungen war.

Oh, im Nachhinein schämte er sich doch ein wenig! Auch wenn seine Worte ihre beabsichtigte Wirkung nicht verfehlt hatten und Hanna tatsächlich auf ihn aufmerksam geworden war. Ausgerechnet er, der Stockfisch, hatte einen Herrenwitz erzählt, der aus Klaus' Repertoire stammte. Welcher kleine Teufel ihn da wohl geritten haben mochte? Dass der Witz nicht ganz stubenrein war, kapierte man erst nach einigen Sekunden.

»Wo gehen denn diese schönen Beine heute Abend hin? –
Nach Hause, wenn nichts dazwischen kommt!«

Klar, dieser Schuss hätte auch nach hinten losgehen können! Aber Hanna sah ihn mit so einer Mischung aus Erstaunen und Überraschung an, als ob sie ihn zum ersten Mal richtig wahrnähme. Dann brach sie in ein verschämtes Gelächter aus. Dieser Mann hat echt Humor, dachte sie vielleicht. Ein stilles Wasser, das tiefer war, als man annahm. Robert freute sich: Eins zu null für ihn! Gut, dass er es sich verkniffen hatte, anzüglich zu grinsen, wie es die meisten Kerle getan hätten. Hingerissen blickte er in ihre grünen, goldgesprenkelten Augen und fragte sich, was sie wohl gerade denken würde. Ob sie die Aufrichtigkeit in seinen braunen Augen erkannte? In diesem Augen-Blick, der wahrhaftig ein solcher war, hatten sie ihren ersten »Ten second test« gemacht, ohne zu wissen, dass sie ihn einmal so nennen würden. Da beschloss er, alles auf eine Karte zu setzen. Er würde seine Augen sprechen lassen. Dass sie ihm gefalle. Und er sie gerne näher kennenlernen wolle. Den verruchten Gedanken an ein »Dazwischen« verkniff er sich. Nachher sehe man ihm den noch an. Nein, ein One-Night-Stand war nichts für ihn. Und für Hanna sicherlich auch nicht.

An diesem Tag waren die Weichen gestellt worden. Und dann hörte Robert es wieder. *Zwei wie wir, die können sich nie verlier'n,* das nun als Dauerschleife zu laufen schien. Hoffte Hanna mit Hilfe der Wiederholtaste zu ihm durchzudringen? Ihn daran zu erinnern, dass jenes Lied eine weitere Sprosse auf ihrer Liebesleiter gewesen war? Da fühlte er, wie bei einem *fade out* im Film, dass seine Konzentration abnahm. Was hatte sein Schwiegervater gesagt, wenn er nach der Arbeit ein Nickerchen machen wollte? Er würde sich nun von innen betrachten. Diesen Ausspruch kannte Robert von Hanna, die sich als Kind etwas Wundersames darunter vorgestellt hatte. Dass Papas geschlossene Augen sich in Richtung Körper öffnen würden. Wie bei ihrer Schildkröt-Puppe mit den gläsernen Schlafaugen, nur anders rum. Über dieser Logik schlief Robert ein. Und träumte sich zurück in die Vergangenheit.

Dreizehntes Kapitel

Es kann am Abend schon ganz anders sein, als es am Morgen war. Diesen Satz hatte er schon oft gehört oder gelesen, zumeist in einem negativen Kontext. Doch die Worte konnten sich auch auf das Gegenteil beziehen, wie er genau wusste. Auf das pralle Leben. Ein Leben voller Perspektiven, wie er es sich nicht schöner hätte ausmalen können.

Am 3.3.88, einem doppelten Schnapszahl-Tag, traf man sich zur ersten Stunde an der Schule. Doch auf dem Plan standen weder Mathe noch Englisch, sondern der alljährliche Kollegiumsausflug. Der erste, an dem auch Hanna teilnahm. Mit einem Busunternehmen sollte es ins romantisch verschneite Sauerland gehen. Während der zweistündigen Fahrt knallten die ersten Korken, unter den Hartgesottenen kreiste ein Flachmann. Beides brauchte Robert nicht, denn eine Reihe hinter ihm saß Hanna und plauderte angeregt mit ihrer Mentorin. Ihre Stimme zu hören, das fühlte sich weitaus besser an als Sekt oder gar Schnaps. Wer sein Sitzpartner im Bus gewesen war, hätte er nicht mehr sagen können. Nur dass sich Hanna einen halben Meter hinter ihm befand, zählte. Zwischendurch konnte er es nicht lassen, sich umzudrehen. Mach bloß keine schlüpfrigen Witze, ermahnte er sich. Selbst ein bewährtes Konzept ließ sich nicht beliebig wiederholen. Obwohl ihm etwas herrlich Unanständiges auf den Lippen lag. Was stehe auf dem Grabstein einer alten Jungfer? – »Ungeöffnet zurück!« Doch er wollte Hannas Humor nicht überstrapazieren.

Man war durch den Schnee gestapft, mit dem Sessellift nach oben gefahren und dann ins Tal gelaufen. Bewegung machte Appetit und in einem Gasthof wartete ein reservierter Tisch auf sie. In dem Lokal, als man die Plätze sondierte, fanden sie sich nebeneinander wieder. Wer von ihnen hatte sich neben den anderen gesetzt? Oder hatten sie beide, simultan, die Gunst der Stunde genutzt? Mit von Winterluft geröteten Wangen lächelten sie sich an und studierten dann, jeder für sich, die Speisekarte. Beide bestellten die gebratene Scholle mit Salzkartoffeln. Als wenn sie zu Komplizen geworden wären, was ihnen ein erneutes Lächeln entlockte. Sie habe das billigste Gericht von der Karte genommen, gestand Hanna. Als Lehramtsanwärterin sei ihr Gehalt nicht üppig. Und schließlich habe sie noch ihre Tochter zu versorgen. Was denn mit dem Kindsvater sei, hätte Robert gerne gewusst, traute sich aber nicht nachzuhaken. Derweil redete sie schnell weiter, als wolle sie eine solch private Frage gar nicht erst aufkommen lassen. So erfuhr er, dass frischer Fisch ihr gut schmecke, sie ihn aber leider nicht zubereiten könne. Daher gebe es zuhause nur Fischstäbchen. Ihre Ehrlichkeit rührte ihn. Eine andere Frau hätte vielleicht geflunkert und sich als Sterneköchin ausgegeben. Und während er an seinem Bier nippte, sie an ihrem Wasser, kam Udo Lindenbergs große Stunde. Als sein »Horizont« ein unsichtbares Band zwischen ihnen beiden zu knüpfen begann.

Du und ich, das war einfach unschlagbar
Ein Paar wie Blitz und Donner …

Und dann hörte Robert »zwei wie wir, die können sich nie verlier'n«. Natürlich kannte er das Lied und da er musikalisch war, summte er mit. Länger als normal blieben ihre Blicke an einander haften und er spürte, wie ihm warm ums Herz wurde. Auch Hanna schien innerlich zu leuchten. Dass die knusprig panierten Schollenfilets inzwischen vor ihnen standen, geriet zur Nebensache. Ob sie nicht besser essen sollten, sonst würde der schöne Fisch kalt, schlug er vor. Dann griffen sie, wiederum gleichzeitig, zu ihrem Besteck und mussten lachen. Diese unglaubliche Synchronität! Und Robert konnte es kaum fassen. Es war wie in 1001 Nacht, als ob jemand eine Flasche entkorkt hatte, aus der ein geheimnisvoller Zauber entwich, der beide in seinen Bann zog. Hatte er die Scholle aufgegessen? Oder sie zurückgehen lassen? Sein knurrender Magen war wie vom Winde verweht, stattdessen füllte ein heftiges Pochen seinen gesamten Bauchraum aus.

Robert konnte dieses »Herzklabastern« immer noch spüren, das ihn an jenem Märztag nicht mehr loslassen wollte. Obwohl er damals, im Sauerland, das altertümliche Wort gar nicht kannte. Erst viele, viele Jahre später, als Hanna einen Roman über ihre verstorbene Schwester geschrieben und er Korrektur gelesen hatte, war es ihm erstmalig untergekommen. Ein unbändiges Herzklopfen, das einem signalisierte, dass sich etwas ganz Besonderes ereignen würde.

Dann, auf der Rückfahrt, saßen sie plötzlich nebeneinander.

Wer hatte das eingefädelt? Er, sie oder alle beide? Auch egal. Nun konnte er Hannas Parfum wahrnehmen, mit dem sie nicht gegeizt hatte. Ein orientalischer Duft, der ihn hypnotisierte und er musste tief durchatmen. Wie aufregend neu das alles für ihn war! Und gleichzeitig wie vertraut! Als ob man sich bereits seit Lebzeiten kennen würde … Derweil war es im Bus laut geworden, der Alkohol zollte seinen Tribut. Aber nicht bei Hanna und ihm. Er trank nur in Maßen und Hanna, die noch mit dem Auto heimfahren musste, war bei Softdrinks geblieben. Dennoch knisterte es zwischen ihnen beiden wie Champagnerperlen und Hannas rechte Hand rutschte, scheinbar unbeabsichtigt, auf sein Knie. Er ließ es geschehen. In den anderen Sitzreihen fing man an zu tuscheln, was er eigenartigerweise genoss. Die Hanna und der Herr Marré, zwischen denen laufe was! Er wusste, dass er als förmlich galt, weil er sich lediglich mit seinem Chef duzte. Umso mehr wunderte man sich, dass er offensichtlich Feuer gefangen habe. Robert wunderte sich auch. Wer oder was hatte dafür gesorgt, dass auf einmal alles anders war? »Zwei wie wir, die können sich nie verlier'n …«

Nach der Busfahrt verschwand Hanna zügig, sie musste nach Hause fahren und ihre Tochter bei einer Freundin abholen. Irgendwann erzählte sie Robert, dass sie wie im Rausch gefahren wäre. Ein Rausch ganz ohne Alkohol, mit einem seligen Lächeln auf den Lippen. Was denn los sei, fragte *die Freundin. Und Hanna strahlte aus allen Knopflöchern: Sie habe den Mann ihres Lebens gefunden! Währenddessen feierte er, mit dem harten Kern des Kollegiums, in der Hausmeisterwohnung weiter. Doch die rechte Feierlaune wollte nicht aufkommen. Nur allzu gerne hätte er Hanna an seiner Seite gehabt. Nach diesem Abend war alles anders gewesen …*

So tief hatte Robert lange nicht mehr geschlafen. Rationalisten würden es auf die Medikamente schieben, er machte jedoch seine Erinnerungen dafür verantwortlich. Eine männliche Stimme, die Auskunft über seinen Zustand gab, weckte ihn. Die Situation sei insgesamt stabil, seine Gasaustauschwerte hätten sich sogar geringfügig gebessert. Was schöne Gedanken alles bewirken konnten! Und er fragte sich, mit wem der Pfleger, nach einem Arzt hatte es sich nicht angehört, gesprochen haben mochte. Hanna, Emma oder Philipp mussten anwesend sein.

In der Tat glaubte er sich besser zu fühlen. Und er freute sich, dass er offenbar Besuch bekommen hatte. Wie gut, dass Emma in einem Krankenhaus arbeitete und sich auskannte! Ihr konnte niemand ein X für ein U vormachen. Woran er keinen unwesentlichen Anteil hatte, das bildete er sich jedenfalls ein. Seit ihrem achten Geburtstag begleitete er sie durchs Leben. Emma würde, gegenüber den Ärzten, mit der richtigen Portion an Selbstbewusstsein auftreten. Und sie würde ihre Mutter und ihren Bruder nicht nur fachkundig beraten, sondern stets die menschliche Seite sehen, was ihn ungemein beruhigte.

Vor seinem inneren Auge baute sich ein Bild auf. Von Miez-Maunz, die neben ihm auf dem Sofa saß und ihn aufmerksam ansah. Ihr hatte er sein Herz ausgeschüttet, sie würde nichts ausplaudern. Dass er sich oft allein fühlte, nachdem der andere Vierbeiner nicht mehr da gewesen war. Sicherlich hätte auch Hanna es begrüßt, einen Blick in sein Innerstes zu werfen. Gehörte das nicht zu einer Partnerschaft dazu? Ein wenig verspürte er ein schlechtes Gewissen. Aber er wusste, dass sich Hanna, seit Beginn ihrer Beziehung, auf ihn verlassen hatte. Und er wollte sie nicht enttäuschen. Aber es nagten Zweifel an ihm. Warum waren sie in der letzten Zeit von ihrem Pfad abgewichen? Er hätte es nicht sagen können. Eigentlich war doch immer alles gut gewesen.

Das Wort »eigentlich« bedeute eine Einschränkung, hätte ihn Hanna, ganz die pingelige Deutschlehrerin, kritisiert. Sie kritisierte gerne und zunehmend häufiger. Warum? Ob sie mit ihrem Leben unzufrieden war? *Alles* war nicht mehr gut gewesen, manches hatte ihn geärgert. Auf ihrer Seite war es wohl ebenso. Manchmal hatte sie ihm dazu und dazu geraten. Aber Ratschläge sind auch Schläge. Dennoch hatten sie sich stets auf einander verlassen können. Als er nun Hannas Hand auf der seinigen fühlte, wie sie ihn liebevoll streichelte, tat ihm das unsagbar gut. Wie sehr er sie liebte, trotz und alledem, wurde ihm jetzt bewusst. Und er bedauerte, jene drei Worte nicht öfter gesagt zu haben. Aber das könne ja wieder werden. Er nahm sich vor, ihre Liebe zu erneuern. Genau wie Hanna es sich vorgenommen hatte.

Aus den Untiefen seiner Erinnerung tauchte ein anderes Bild auf. Als wenn er ein fotografisches Gedächtnis besäße, sah er eine Seite aus den Tagebüchern vor sich, die er Hanna zum ersten Jahrestag geschenkt hatte. Sechs kleine Kladden, mit Leinen bezogen, waren es gewesen. Seine Eintragungen, mit brauner Tinte, hatte er am Abend eines jeden Tages vorgenommen, auch wenn rein rechnerisch der nächste Tag bereits angebrochen war. Zuerst nur in Stichworten, dann war er von Mal zu Mal mehr ins Gefühl gegangen. Und jetzt sah er jene abschließende Passage vor sich. Als wenn er sie gerade zu Papier gebracht hätte: *Dieses Jahr möchten wir um keinen Preis missen. Wir hoffen, sind davon überzeugt und werden alles in unserer Kraft Stehende dafür tun, dass noch sehr, sehr viele weitere Jahre folgen werden. Mit Gottes Hilfe wird es uns gelingen!*

Es war ihnen gelungen, und am Ende doch nicht so ganz. Ende? Wieso dachte er dieses Wort? Es war doch noch nicht zu Ende! *Nichts* war zu Ende. Und in Gedanken unterstrich er, was er damals geschrieben hatte. Alles in seiner Kraft Stehende wollte er tun. Aber hatte er das nicht gründlich vermasselt? Ob Gott ihm immer noch helfen würde?

Ein Liebesrausch war dieses Jahr gewesen, auf so vielen Seiten fein säuberlich dokumentiert. Wie hieß es bei Shakespeare? Liebe würde nicht mit Stunde oder Woche wechseln, nein, ihre Kraft würde bis zum letzten Tage reichen. Dieses Sonett hatte er als Oberschüler interpretieren müssen, als er von solch überwältigenden Gefühlen weit entfernt war. Hanna würde das Zitat sicherlich im Originalwortlaut kennen. Aber die Antwort würde auch sie nicht wissen. Ob es möglich war, dass die Schmetterlinge der Verliebtheit lebenslang im Bauch herumflatterten? Und dass jenes Hochgefühl dauerhaft anhielt? Nicht mehr schlafen, nicht mehr essen zu können. Ganz abgemagert war er gewesen - vor lauter Glück. Als wenn er Drogen geschluckt hätte! Auch Hanna war es so ergangen. Nur die Stunden ihres Zusammenseins hatten gezählt. Ein immenses Glück, das sie beide kaum begreifen konnten. Das neue WIR hatte alles andere ausgeblendet, unwichtig gemacht.

Zugegebenermaßen, wenn dieser Zustand bis dato angedauert hätte, wären Hanna und er wahrscheinlich längst in einem Krankenhaus gelandet. Zu Tode erschöpft. Aber diesem Szenario hatte die Natur sinnigerweise Einhalt geboten. Indem sie das unbändige Herzklabastern in ein tiefes, ruhiges Urvertrauen übergehen ließ. *Du bist für das verantwortlich, was du dir vertraut gemacht hast.* Und bei dem Gedanken an den plüschigen Foxi, den er Hanna einst geschenkt hatte, wurde Robert wieder wohlig müde. Und erneut schlief er ein …

Vierzehntes Kapitel

Gut Ding will Weile haben.

Er war mit Redensarten aufgewachsen. Überlieferte Lebensweisheiten, metaphorisch verpackt, nicht selten mit warnendem Unterton. Manche Sprüche verstand er früher nicht. Was sollte *Hochmut kommt vor dem Fall* bedeuten? Da konnte er mit *Gut Ding will Weile haben* schon eher etwas anfangen. Trotz des schnörkeligen Satzbaus. Als er älter wurde, merkte er, wie sehr diese Worte zu seinem Naturell passten. Bloß nichts überstürzen! Also ließ er die Beziehung zu Hanna ruhig angehen. Bei langen Spaziergängen und intensiven Gesprächen kamen sie sich näher. Er fände sie *nicht unsympathisch* – was für ihn fast eine Liebeserklärung war. Als Hanna jedoch versuchte, bei einer ihrer Verabschiedungen das förmliche *Herr Marré* in ein *Du* umzuwandeln, gelang ihr das nicht. Er hatte seine eigenen Worte noch im Ohr, so als wenn es gestern gewesen wäre. *Mal sehen, wie wir uns beim nächsten Mal anreden.* Es würde nur eine Frage der Zeit sein, das spürte Robert. Bis sich alles fügte.

Passiert war es dann in Prag.

Natürlich nicht in der Stadt selbst, sondern in einer groß angelegten Ausstellung, die Scharen von Besuchern in die Essener Villa Hügel lockte. »Prag um 1600« nannte sich die opulente Zeitreise an den Hof von Kaiser Rudolf II. Mit einmaligen Exponaten aus Kunst und Kultur. Mit ihrem Oberstufenkurs war Hanna vor dem Abitur in die Moldau-Metropole gefahren, wo es ihr über alle Maßen gefallen hatte. Und nun wollte sie ihre Erinnerungen mit Robert teilen. Er freute sich ein Loch in den Bauch. Nicht wegen der alten Schätze, die ihn erwarten würden. Es waren die gemeinsamen Stunden mit seinem neuen »Schätzeken«, wie er Hanna im heimischen Platt nannte, die sein Herz klabastern ließen.

Der Ausstellungsbesuch begann in einer Art Kinosaal. Hier lief nonstop ein Film, der sie mit der Epoche vertraut machen sollte. Klar, dass sie beide die Chance nutzten, um auf Tuchfühlung zu gehen. Sie saßen so nah beieinander, dass er mit Leichtigkeit ihr Ohrläppchen hätte anknabbern können. Aha, derselbe Duft wie damals im Bus, konstatierte er. Aber heute würde er nachfragen. »Jsphahan« heiße dieses Eau de Parfum, erfuhr er. Eine Arme-Leute-Variante des bekannten »Opiums«. »Opium haut Opi um«, diesen Werbespruch glaubte er einmal irgendwann gehört zu haben. Einer der wenigen Slogans, der anscheinend stimmte.

Während des Films merkten sie es. Ein Eindruck, der sich vertiefte, als sie durch die Ausstellung bummelten: Das barocke Zeitalter musste überaus sinnesfreudig gewesen sein. Denn sämtliche Kerle, die auf den Leinwänden zu sehen waren, folgten dem Vorbild von Michelangelos »David«. Auch die abgebildeten Damen zeigten sich gänzlich unbekleidet. So viele nackte Tatsachen, das hätte peinlich werden können, aber das Gegenteil war der Fall. Robert und Hanna amüsierten sich köstlich. Auf einem Bild schmachtete ein griechischer Gott eine Göttin an. Was für eine kolossale Oberweite diese Frau habe, kicherte Robert ohne Scheu. Da könne ja jeden Moment die Schwerkraft zuschlagen! Von solchen Proportionen war Hanna, wie er mit vorsichtigem Seitenblick feststellte, meilenweit entfernt. Genau die richtige Größe für seine Hände. Wenn sie es ihm irgendwann erlauben sollte. Aber er würde sich hüten, vorher die Jnitiative zu ergreifen - im wahrsten Sinne des Wortes. Nie im Leben wäre er einer Frau gegenüber »Hand-greiflich« geworden, auch wenn er es bei Hanna gerne gewollt hätte.

Hinterher, im Park der Villa Hügel, schien jemand anders Regie zu führen. Weil ihm das »Du« auf einmal problemlos von den Lippen rutschte. Einfach so. Hanna strahlte ihn an, als wenn er ihr alle Juwelen der Ausstellung zu Füßen gelegt hätte. Und zum ersten Mal küssten sie sich. Zum ersten Mal legte er, während sie beide auf einer Bank saßen, den Arm um ihre

Schultern. Ganz selbstverständlich. War er jemals zuvor so locker und ungezwungen gewesen? Es war, als ob Hanna eine verborgene Tür in ihm geöffnet hätte. Sie solle ihm 10 Sekunden lang in die Augen sehen, bat er sie. Und es gelang ihr, seinem forschenden Blick standzuhalten. Ein Augen-Blick sondergleichen. Beide fühlten sie sich, obwohl von Spaziergängern umzingelt, wie allein auf der Welt. Gut Ding will eben Weile haben.

Nur wenige Tage danach würde Robert erneut zur Villa Hügel fahren. Allerdings ohne Hanna. Im »Museums-Shop« wollte er den Ausstellungskatalog kaufen. Knappe drei Kilo wog das dicke Buch. Und war ziemlich teuer. Zu teuer für Hannas Portemonnaie. Zuhause würde er, mit Schönschrift, jenes »Du« hineinschreiben und die Eintrittskarte darunter kleben. Das würde sein Weihnachtsgeschenk werden. Für ihn war es sonnenklar, dass sie über das Fest der Liebe hinaus zusammen blieben.

Damals hatte alle Zeit der Welt vor ihnen gelegen.
Aber würden sie diese Zeit immer noch haben?

Er wusste es nicht. Und wusste auch nicht, ob er es gerne gewusst hätte. Man musste abwarten, wie sich alles entwickelte. Das künstliche Koma sollte doch nur eine vorübergehende Maßnahme sein. Oder etwa nicht? Und er tauchte wieder in die Grauzone zwischen Traum und Wachsein ab. Erneut lief er mit Hanna durch die Ausstellung, erneut glaubte er ihr Parfum riechen zu können. Leider hatte man die Produktion von *Isphahan* eingestellt, doch für das echte *Opium,* das es noch auf dem Markt gab, war Hanna zu geizig. Nachdem man ihn aus dem Krankenhaus entlassen hätte, würde er eine Parfümerie aufsuchen und einen Flakon mit dem Edelduft kaufen. *Opium haut Opi um*. Ihn, der tatsächlich nun ein *Opi* war. Ob sie sich an *Prag um 1600* erinnere, würde er sie fragen. Und ob sie glaube, dass sie beide es wieder hinkriegten, dass es so werde wie früher. Wie damals in jener Ausstellung.

Als er irgendwann wach wurde, war etwas anders. Er suchte nach Worten, um dieses seltsame Gefühl zu beschreiben. Es war, als wenn man ihn literweise mit Flüssigkeit abgefüllt hätte, die in seinem Körper feststeckte. Und da musste er an das voluminöse Michelin-Männchen denken, die Werbefigur für Autoreifen. Vor ihm blitzte eine Erinnerungsmail auf, die er ausgedruckt und an der Pinnwand befestigt hatte. Demnächst müssten die Winterreifen aufgezogen werden. Ob Hanna das wohl auf dem Schirm hatte? Er durfte nicht vergessen, sie daran zu erinnern - wenn er das alles hinter sich haben würde. So vieles im Alltag hatte er organisiert, um so vieles hatte sie sich nicht kümmern brauchen. Aber so richtig konzentrieren konnte er sich heute nicht, dieses neue Gefühl irritierte ihn. Und da war noch etwas anderes. Als wenn man seinen Körper mit einem weiteren Gerät verbunden hätte ...

Meistens war es Hanna, die ernstlich krank gewesen war, sich aber immer wieder bekrabbelt hatte. Was ihr, ehrlich gesagt, nicht gelungen wäre, wenn er sie nicht dabei unterstützt hätte. Psychisch und vor allem physisch. Obwohl er noch in Vollzeit arbeitete und nicht mehr der Allerjüngste war, hatte er ihr jeden Wunsch von den Augen abgelesen. Und die Hausarbeit erledigt, eingekauft, gekocht und spätabends noch seine Klassenarbeiten korrigiert - womit auch er oft an seine Grenzen gestoßen war. Beklagt hatte er sich nie.

Plötzlich wanderten seine Gedanken wieder zu dem Schnellhefter, der zuhause im Arbeitszimmer lag. Ihre Patientenverfügungen und Vorsorgevollmachten waren da abgeheftet. Was für sperrige Wörter, dachte er. Für sie beide war es so wichtig gewesen, ein selbstbestimmtes Leben zu führen. In irgendeinem Krankenhaus oder in irgendeinem Pflegeheim vor sich hinzusiechen, ohne eine Aussicht auf Besserung, das würde niemals eine Option sein. Keine Herz-Lungen-Maschine, keine Dialyse – das alles wollten sie nicht. Hanna, die zum Aberglauben neigte, betrachtete diese Vorkehrungen als Regenschirm für schlechtes Wetter, das hoffentlich niemals eintreffen würde. Ob sie heute schon hier gewesen war? Keine Ahnung. Und was war mit Emma und Philipp? Auch an ihre Stimmen erinnerte er sich nicht. Ob er seinen Besuch schlichtweg verschlafen hatte? Robert merkte, dass er ein größeres Schlafbedürfnis verspürte als zuvor. Was war los?

Obwohl es dem Corona-Reglement widersprach, zeigte man sich auf der Intensivstation kulant und ließ nicht nur eine einzelne Person zu ihm ins Zimmer. Sondern alle drei. Der diensthabende Arzt hatte schlechte Nachrichten. Die Nieren hätten versagt und er rate dringendst zu einer Dialyse. Selbst wenn diese der Patientenverfügung widerspreche. Aber es bestehe durchaus Hoffnung, dass sich die Organe erholen würden, erklärte der Mediziner, also handele es sich um eine verantwortbare Maßnahme. Während er das sagte, stand er an der Tür des Krankenzimmers. Außerhalb der Hörweite für Robert. So bekam dieser auch nicht mit, dass ihre Kinder Hanna davon abrieten, das Zimmer zu betreten. Er sehe fremd aus, so entsetzlich aufgeschwemmt. Nein, diesen unschönen Anblick wollten sie ihrer Mutter ersparen. Sie selbst würden natürlich hineingehen.

Jetzt konnte er Emma und Philipp hören. Dass Hannas Stimme nicht darunter war, wunderte ihn. Sie kam doch immer mit! Ihr Fernbleiben musste eine ernste Ursache haben, was ihn beunruhigte. Und außerdem - heute redeten seine Kinder nur leise miteinander. Wollten sie, dass er nichts verstand? Nun strengte er sich erst recht an und meinte, das Wort *Dialyse* herauszuhören. Hatten seine Nieren den Geist aufgegeben? Zwei überlebenswichtige Organe, Lunge und Nieren, funktionierten also nur mit Medizintechnik. Was wäre, wenn er von dieser Technik nicht mehr loskäme? Es war ein erschreckender Gedanke, den er nicht weiterdenken wollte, aber den er nicht beiseite schieben konnte - wie ein Bumerang, der immer zu ihm zurückkam. Da, hatte Emma nicht soeben von einem *Pflegefall* gesprochen?

Und jetzt wurde Robert doch angst und bange zumute. Warum war er nicht früher zum Arzt gegangen? Hanna hatte ihm so viele goldene Brücken gebaut und für ihn Termine in die Wege geleitet. Bei denjenigen Medizinern, in deren Behandlung sie stand. Alles, was er hätte tun müssen, war diese wahrzunehmen. *Stante pede* behandelt zu werden, davon konnten Nicht-Privatpatienten nur träumen. Doch er hatte abgelehnt. Nicht ohne Grund, wie er sich sagte.

Wegen eines Routine-Eingriffs hatte sein Vater in den Städtischen Krankenanstalten in Essen gelegen. Als Robert ihn am Tag vor der geplanten Operation besuchte, wollte er natürlich mehr wissen. Und der Vater zeichnete ihm die ganze Chose auf. Da sitze die Galle und da seien jene Steine, die solche Schmerzen verursachten. Und weil er gerade einen Stift in der Hand hielt, unterschrieb er den Aufnahmeantrag für den Tennisclub gleich mit, den Robert ihm hinschob. Der 14-Jährige freute sich, denn er fand Tennis richtig cool. Auch wenn die Sportkleidung ein Loch in die elterliche Haushaltskasse reißen würde. Aber dann würde es andere Probleme geben. Probleme ungeahnten Ausmaßes …

Als Robert sich bewusst wurde, dass mit seiner Gesundheit etwas nicht in Ordnung war, tauchten die Erinnerungen an den Vater wieder auf. Verkrustet waren sie, aber niemals richtig verheilt. Was würden die medizinischen Untersuchungen ans Tageslicht befördern? Er hatte Angst, dass man auch ihn ins Krankenhaus stecken könne, wo es ihm dann ebenso ergehen werde wie seinem Vater. Und weil er beschlossen hatte, sämtliche Ärzte zu meiden, recherchierte er Nacht für Nacht im Internet. Wollte wissen, woher seine zunehmende Luftnot und die ständige Kraftlosigkeit kamen. Aus dem Ausland hatte er sich Tabletten zuschicken lassen. Um in einer Apotheke verschreibungspflichtige Medikamente zu erhalten, hätte er zu einem Arzt gehen müssen. Dass seine Pillen, auf gut Glück ausgesucht, ihm mehr schaden als nützen würden, konnte er ja nicht wissen.

Aber er wusste, dass er seiner Familie hätte reinen Wein einschenken sollen. Ihr sagen, dass er sich immer schlechter fühle. Und warum er nichts dagegen tun wolle. Könne. Doch das Trauma seines Lebens durfte nicht zu dem ihrigen werden. Nein! Weg mit jenen Erinnerungen, dachte er. Nur weg damit! Schließlich fiel er in einen tiefen traumlosen Schlaf. Dass man ihn wieder in Rückenlage brachte, bekam er nicht mit.

Fünfzehntes Kapitel

Zwei Frauen, deren Stimmen sich recht jugendlich anhörten, waren mit Roberts Körperhygiene beschäftigt. Er spürte einen kratzigen Waschlappen, ohne den gewohnten Weichspüler, auf seiner Haut und danach eine kühle Lotion, die einmassiert wurde. Wie lange war das her, dass er zuhause so etwas selbst vorgenommen hatte? Eine Woche? Zwei Wochen? Er hätte es nicht sagen können. Den Pflegerinnen konnte er bei ihrer Unterhaltung problemlos folgen, da sie ziemlich laut sprachen. Im Grunde zu laut für eine solche Einrichtung. Sind halt lebensfrohe junge Dinger, dachte er, die davon ausgingen, dass er zu stark sediert war, um etwas von seiner Umgebung mitzukriegen. Dass die englische Königin heute in London beigesetzt werde, hörte er heraus. Was ihn nicht wirklich interessierte. Im Alter von 96 Jahren sterben zu dürfen, dazu im Vollbesitz der geistigen Kräfte, würde er persönlich als Segen empfinden. Doch dazu wäre er, mit Anfang 70, noch nicht bereit. Und als er dies dachte, kamen seine Erinnerungen wieder hoch. An damals.

Bei der Entfernung der Gallensteine waren Komplikationen aufgetreten. Massive Darmblutungen, deren Ursache sich nur vermuten ließ. Lag es an den vielen Kopfschmerztabletten, die sein Vater regelmäßig konsumierte? Ihnen wurde eine blutverdünnende Nebenwirkung nachgesagt. Oder hatte der Chirurg schlichtweg schlampig gearbeitet und während der Operation andere innere Organe verletzt? Unter der Bettdecke habe sie eine Blutlache ausmachen können, das hatte seine Mutter gegenüber einer Verwandten behauptet. So etwas würde man sich doch nicht einbilden. Oder?

Und dann zog sich sein Vater eine Lungenentzündung zu. Was kein Wunder war, denn man hatte sein Bett in den Krankenhausflur geschoben, da Umbaumaßnahmen im Gange waren und Platzmangel herrschte. Einen frisch operierten Patienten auf einen Flur auszulagern, wo Durchzug an der Tagesordnung war? Geht's noch? Heute würde jeder sofort auf Änderung pochen. Doch in den 60er Jahren wagte das kaum jemand. Ärzte galten als Halbgötter in Weiß, deren Kompetenz man nicht anzweifelte. Nein, daran wollte Robert partout nicht denken. Der Freitag, an dem er es erfuhr, würde der dunkelste Tag seines Lebens sein.

Und dann wurde er schon wieder müde. Gott sei Dank, dachte er. So musste er sich nicht mit seinen Gedanken herumplagen - an das, was man in jenem Krankenhaus verbockt hatte. Doch seine permanente Schläfrigkeit irritierte ihn. Gerne hätte er die Pflegerinnen gefragt, ob er zusätzliche Schlafmittel in die Infusion bekäme. Aber darüber durften sie ihm wahrscheinlich keine Auskunft geben. Ein Gedanke, der sowieso illusorisch war, denn sprechen konnte er ja nicht. Oder ob sein Körper immer schwächer wurde? Bei defekten Elektrogeräten sprang eine Sicherung heraus. *Hey, ich bin kaputt! Reparier mich gefälligst!* Auch sein Körper war kaputt - und Schlaf bekanntlich die beste Medizin. Und eher er sich versah, war er eingeschlafen. Seine Akkus aufladen.

Irgendwann drangen Klänge an Roberts Ohr.

Vertraute Klänge.

Es war die *Nocturne Opus 9 Nr. 2* von Frédéric Chopin, die ihm da entgegen tönte. Dass er den Titel auf Anhieb wusste, freute ihn sehr. Weil es ihm Hoffnung machte, dass noch nicht alles im Dutt war. Wie oft hatte er dieses Stück selbst gespielt! Auch ihm, der schon in der Kindheit Klavierstunden erhalten hatte, verlangte die *Nachtmusik*, wie sich der Begriff übersetzen ließ, einiges an Fingerfertigkeit ab. Es war noch kein Meister vom Himmel gefallen. Wieder eine Redensart aus dem Fundus seiner Eltern! Auch sie hatte einen wahren Kern.

Philipp musste die CD von zuhause mitgebracht und in den CD-Player gelegt haben. Aber auch Hanna kam in Frage. Die *Nocturne* war ihr absolutes Lieblingsstück. Romantisch und melancholisch zugleich. Noten, die zu Poesie geworden waren. Oder umgekehrt.

Jahr für Jahr, an Allerheiligen, traf sich Roberts gesamte Familie in seinem Elternhaus, wo er ein Apartment bewohnte. Heute würden Hanna und Emma zum ersten Mal mit von der Partie sein. Ein besonderer Moment für beide, aber wohl mehr für Hanna, die sicherlich Schmetterlinge im Bauch hatte. Emma wirkte weniger aufgeregt. Sie, die in der Schule Blockflöte lernte, stand ehrfurchtsvoll vor Roberts großem Klavier. Und bestaunte die Partitur, die dort aufgeschlagen lag. Was für eine Fülle an Noten - nebeneinander, übereinander und untereinander! Die Achtjährige, deren Flötenbüchlein keine solchen Cluster kannte, war überwältigt. Könne man so ein Durcheinander überhaupt spielen? »Aber sicher dat!« Ob er genau diese Worte in den Mund genommen hatte? Vielleicht. Und Hannas kleiner Tochter und ihrer Mutter zuliebe griff er in die Tasten. Es war die »Nocturne«. Warum hatte er ausgerechnet Chopin ausgewählt und bereitgelegt? Alles Zufall – oder was? Da er seine Aufmerksamkeit auf die Tastatur und die

Partitur richtete, konnte er es nicht sehen, aber Hanna würde es ihm hinterher erzählen. Wie sie förmlich den Atem angehalten, wie sie ungläubig die Augen aufgerissen und wie sie verzaubert gelauscht habe.

Alleinerziehend und berufstätig, da bliebe unterm Strich wenig Zeit für Muße übrig, erklärte sie. Erst in den Abendstunden, wenn Emma schlief, könne sie ausspannen. Am besten mit einem Glas Wein vor dem Fernseher. Dort würde sie es sich gemütlich machen, bis die »Nachtgedanken« kämen. Es waren kurze kluge Texte, die Hans-Joachim Kulenkampff unmittelbar vor Sendeschluss vortrug. Ganz leger, in Strickjacke, zeigte sich der gelernte Schauspieler hier dem Publikum. Kulenkampff sei ein Charmeur der alten Schule, schwärmte Hanna. Doch da war noch etwas anderes, was sie an dieser Sendung faszinierte: Alle »Nachtgedanken« wurden eingeleitet durch dasselbe Klavierstück, dessen Titel sie nicht kannte. Wenige Takte nur, die ihr von Mal zu Mal vertrauter wurden. Eine zarte Melodie, die sich in ihrem Ohr festsetzte. Und die sie sanft umhüllte wie ihre Bettdecke, in die sie sich gleich kuscheln würde. Es war Chopins »Nocturne«.

Da daaaaaa da-da-daaaaa daaaaaaaa,
da daaaa da-da-da-da-daaaaaaa …

Bereits Roberts erste Akkorde seien bei ihr wie eine Bombe eingeschlagen. Der Mann, den sie liebte, spielte jene traumhaft schöne Musik, an der sie sich nicht satthören konnte! Tausendmal schöner als die Aufnahme im Fernsehen, weil er nur für sie allein spielte! In diesem Moment sei sie hin und weg gewesen. Robert war es ebenfalls, wie er später zugeben würde. Denn jede seiner Noten war eine Liebeserklärung gewesen, ausdrucksstärker als Worte es hätten sein können. Hannas blanke Augen waren Antwort genug. Auch Emma schien die Magie des Moments zu spüren und verhielt sich, ganz gegen ihre Gewohnheit, mucksmäuschenstill.

Während jener Novembertag erneut vor seinen Augen ablief, war er allein im Krankenzimmer - was er aber nicht wissen konnte. Schließlich hätten Hanna und die Kinder stumm an seinem Bett stehen können. Taten sie aber nicht. Der Oberarzt hatte die drei zum Gespräch gebeten. Dass die Dialyse erfolgreich gewesen sei, sagte er, aber dass man nicht wisse, ob es die Nieren ohne Unterstützung schaffen würden. Auch die Leber bereite ihm Sorge. Könne es Probleme mit Alkohol oder Tabletten geben? Oder mit ungesunder Ernährung? Hanna schüttelte entschieden den Kopf, hielt dann aber inne. Ihr fielen Roberts sparsame Mahlzeiten ein, doch von den heimlichen Medikamenten wusste sie nichts. Und man dürfe nicht vergessen, fuhr der Arzt fort, dass die Lunge nach wie vor zusätzlichen Sauerstoff benötige. Die 21%, aus der Raumluft, reichten bei weitem nicht aus. Zwar seien die Werte in Bauchlage besser, aber diese würde zu Druckstellen im Gesicht führen. Man müsse also eine weitere Umlagerung vornehmen. Doch er, der Arzt, habe noch etwas anderes in petto, wofür er allerdings das Einverständnis von ihnen, den Angehörigen, brauche ...

Plötzlich hörte Robert etwas. Schritte, die näherkamen.

Und er fühlte eine feingliedrige Hand, die sachte über seinen Kopf strich. Hanna! Sie war da. Sie war bei ihm. Sie würde stets bei ihm sein. *Du musst es schaffen! Für uns beide!* Immer und immer wieder liebkoste sie ihn mit ihren eindringlichen Worten. Aus denen er aber noch etwas anderes herauszuhören glaubte: *Wollten wir nicht zeitlebens für einander verantwortlich sein*? Ja, das hatten sie sich vor so vielen Jahren geschworen. Wie gerne würde er das weiterhin tun, aber lag das noch in seiner Macht? Nein, gestand er sich ein, nicht mehr. Dazu hätte er die goldenen Brücken gehen müssen, die sie ihm gebaut hatte ...

Sechzehntes Kapitel

Ob ein neuer Tag begonnen hatte?

Ohne den Rhythmus von Hell und Dunkel konnte Robert das nicht beurteilen. Die permanente Müdigkeit und die Erinnerungsschübe führten sein Zeitgefühl vollkommen in die Irre. Gestern, heute, morgen - er hatte keinen Plan mehr. Wenn nur die Armbanduhr noch an seinem Handgelenk wäre! Tag und Nacht hatte er sie getragen. Und natürlich auch, als man ihn ins Krankenhaus einlieferte. Hoffentlich lag das gute Stück jetzt zuhause auf seinem Nachttisch. Mit dieser edlen Skelett-Uhr, *made in Switzerland,* hatte er sich vor einigen Jahren selbst beschenkt. Nun wurde sein Tag lediglich durch die Stimmen, die er hörte, strukturiert. Zu blöd aber auch, dass alle Gespräche *über* ihn geführt wurden und nicht *mit* ihm. Als ob er nicht mehr von dieser Welt wäre.

Vorhin, da hatte er gedacht, es sei so weit gewesen.

Von einer Minute auf die andere begann sein Herz heftig zu stolpern und ihn ergriff eine derartige Unruhe, dass er am liebsten laut auf sich aufmerksam gemacht hätte. *Hilfe, da ist was nicht in Ordnung!* Sogleich fühlte er sich an die Situation in Oberhausen erinnert, als er Hanna am Busbahnhof abholen sollte. Ob es ihm geglückt war, seine Schweratmigkeit zu verheimlichen? Und wie er sich beim Autofahren konzentrieren musste, weil sein Körper ihm nicht mehr zu gehorchen schien! Doch was brachte es, sich in solchen Gedanken zu verheddern? *Aber was war das?* Zum ersten Mal seit Ewigkeiten, so kam es ihm vor, konnte er in seinem Zimmer Silhouetten ausmachen, die sich zielstrebig bewegten. Seine Familie war das wohl nicht. Das mussten Ärzte und Pfleger sein, die um sein Bett herumwuselten und Anweisungen erteilten. (Nein, dieses idiotische Gendersternchen würde er niemals benutzen!)

Dann merkte er, wie sein Körper sich entspannte und er wieder gleichmäßig atmen konnte. Die Umrisse der Anwesenden lösten sich auf, ihre Stimmen verloren sich in einem wattigen Nichts. Und er ahnte, dass man gerade probiert hatte, seine Sedierung herunterzufahren - um sie rasch wieder zu erhöhen. Weil es nicht funktioniert hatte.

Würde man ihn nun in diesem Tiefschlaf belassen? *Der tiefe Schlaf.* Hieß so nicht ein Filmklassiker mit Humphrey Bogart, zu dem Hanna ihn spätabends mal überreden wollte? Dazu noch im Original! Nicht, dass er kein Englisch sprechen und verstehen würde. Es war sogar eins seiner Abiturfächer gewesen, auch bei den gemeinsamen Städtetrips nach London und New York hatte er sich gut verständigen können. Wenn Hanna die Nacht zum Tage machen wollte, könne sie das gerne tun. Aber bitte ohne ihn! Weshalb sie sich beinahe in die Wolle gekriegt hätten. Sie habe manchmal eine so bestimmende Art, hatte er ihr vorgeworfen. Aber das war Schnee von gestern. Und zählte nicht mehr.

Nur eines zählte noch für ihn: Ob er es ohne das künstliche Koma schaffen, ob er wieder selbstständig atmen könne. Damit das Krankenhaus Geschichte war. Der erste Versuch war in die Hose gegangen. Würde man überhaupt einen zweiten wagen? Oder würde man ihn sang- und klanglos in den *tiefen Schlaf* hinübergleiten lassen? Ohne Abschied von seiner Hanna. Von Emma und ihrer Familie. Von Philipp. Nein, nein, das durfte einfach nicht sein. Nein, noch nicht. Wenn Robert, der jetzt auf dem Rücken lag, einen Spiegel über sich gehabt hätte, so wie die Kassierer an der Supermarktkasse, wäre er zutiefst erschrocken zusammengefahren. Denn sein Gesicht wies, unterhalb der Wangenknochen, blauschwarze Verfärbungen auf, als wenn er in eine Prügelei geraten wäre. Es waren jene Blessuren, auf die der Oberarzt bereits hingewiesen hatte. Dass seine Füße, die er nicht mehr fühlte, ganz ähnlich aussahen, konnte er nicht wissen.

In der fünften und sechsten Stunde hatte er Sport gehabt. Zusammen mit seinen Freunden ging er heim. So wie immer. Dass das Auto seines Bruders Klaus, der schon verheiratet war, vor der elterlichen Haustür parkte, wunderte ihn. Klaus war Lehrer und fuhr nach Schulschluss gewöhnlich in sein Eigenheim. Wieso war der heute hier bei den Eltern?

In seinem Kopf türmten sich die Fragezeichen auf.

Nun kam er endlich in seinem Elternhaus an, nahm mehrere Treppenstufen auf einmal, denn man wohnte in der ersten Etage. Dass er in diesem Augenblick nur noch eine Mutter hatte, konnte er nicht wissen. Im Flur und im Esszimmer schien alles ganz normal zu sein. Roberts Eltern gehörte ein Lebensmittelgeschäft und eine der Verkäuferinnen saß, wie immer in ihrer Mittagspause, auf einem Sessel in der Ecke. Sie guckte ihm erstaunt ins Gesicht und sah ihn an, als ob er von einem anderen Stern käme. Ob er denn nicht wisse, fragte sie, dass sein Vater tot sei. Tot? Tot?? Tot???

Er konnte es nicht glauben.

Und das alles ohne jegliche Vorwarnung. Für ihn jedenfalls. Man habe es geahnt, würde sein Bruder ihm bei Gelegenheit erzählen. Warum hatte man ihn nicht auf diese Möglichkeit vorbereitet, ihn sogar zur Schule geschickt? Im Wohnzimmer saß die Familie zusammen. Seine Mutter, seine Geschwister, seine Onkel und seine Tanten. Keiner von ihnen nahm ihn in den Arm. Keiner drückte ihn an sich. Keiner tröstete ihn. Denn so etwas war in seiner Familie ganz und gar unüblich. Egal wie alt man war.

Dass er die Todesnachricht von einer wildfremden Person erfahren musste, hatte ihn umgehauen. Das würde er niemals verkraften. Weshalb er sämtliche Arztbesuche, auch mehr als ein halbes Jahrhundert später, weit von sich schieben sollte. Aus Angst, diese furchtbare Situation könne sich wiederholen. Unter welchen Umständen auch immer.

Vor der Beerdigung mussten neue schwarze Klamotten her, denn in seinen Kommunionsanzug passte er nicht mehr hinein. Noch immer wähnte er sich im falschen Film. So musste sich Hanna vorgekommen sein, dachte er. Als sie mit ansehen musste, wie er plötzlich im Auto zusammengesackt war und die Kontrolle über seinen Körper verloren zu haben schien. Beim Anblick seines Vaters, der in der Leichenhalle aufgebahrt war, wurde er ganz ruhig. Ob ihm die Endgültigkeit damals überhaupt bewusst gewesen war? Auch während der Beisetzung floss bei ihm keine einzige Träne. Aber nachts, da würde es gründlich losgehen. Und er kotzte wie ein Reiher. Sein Körper fühlte sich an wie auf links gedreht. So ganz ließ sich die Seele eben doch nicht ausklammern …

In einem Alter, als andere längst verheiratet waren, hatte er Hanna kennengelernt. Er habe auf sie gewartet, sagte er einmal zu ihr. Weil er überzeugt gewesen sei, dass sie irgendwann kommen werde. Wie Prinz und Prinzessin im Märchen. Sie hatte das Zarte und Zärtliche, das in seiner Familie fehlte, in sein Leben gebracht. Mit ihr konnte er über alles sprechen. Doch als er anfing, sich krank zu fühlen, wurde dieses Trauma, das er unter Kontrolle geglaubt hatte, wieder übermächtig. *Darüber* konnte er auch mit ihr nicht reden. Ob sein Vater das so gewollt hätte? Dass er nicht vergessen konnte?

Erneut nahm er Stimmen wahr. Sachlich klangen sie. Und besorgt, ehrlich besorgt. Als wenn er nicht nur eine Patientenakte wäre. Das Wort *Fallkonferenz* fiel. Im Team würde man überlegen, wie man ihn weiter behandeln solle. Auch er zermarterte sein Gehirn.

Was war der Auslöser gewesen? Wie, wo und wann war er krank geworden? Hätte er es vermeiden können? Oder war das alles Schicksal gewesen? So vieles im Leben war Schicksal. Hanna, die Spirituelle, glaubte, dass es keine Zufälle gab und alles vorherbestimmt war. So wie sie beide sich getroffen hatten. Per Zufall an derselben Schule. Nein, *nicht* zufällig. Die große Liebe seines Lebens trifft man *nicht* rein zufällig. So etwas *soll* passieren und bei ihnen *war* es passiert. Das war Fügung. Etwas fügte sich, weil es zusammengehörte.

Nach dem »Du« wollte er von »Gut Ding will Weile haben« nichts mehr hören. Und er musste innerlich lächeln. Es dauerte nicht lange, bis er sie an einem Freitagabend einlud. Ausgewählt hatte er ein Restaurant im Essener Norden. Die gute Stube des Stadtteils, die er von Kegelabenden mit dem Kollegium kannte. Hier wurde gehobene Küche serviert, ohne dass die Preise abgehoben waren. Von den gemütlichen Nischen, die es im Gastraum gab, hatte er eine reservieren lassen. Eine Art Separee. Und die angenehm zurückhaltende Bedienung stellte, wie abgesprochen, eine Flasche Sekt auf die Stofftischdecke. Hanna blickte ihn fragend an. Das müsse doch gefeiert werden, strahlte er – ihr erster gemeinsamer Abend. Hier würde er gerne öfter mit ihr hingehen. Wenn sie denn wolle. Und ob sie wollte!

Zuerst aß Hanna wie ein Spatz, aber dann taute sie zusehends auf. Und entwickelte einen Appetit, wie er ihn, bei ihrer zierlichen Figur, kaum für möglich gehalten hatte. Auch ihm schmeckte es. Mit einer Frau essen zu gehen – wann hatte er das zuletzt gemacht? Als Nachtisch kredenzte man ihnen »Julischka«, eine leckere Mischung aus Slivowitz und Birnenlikör. Die Spezialität des Hauses, serviert in einer Miniaturvase, in die nur ein Gänseblümchen hineingepasst hätte. Und dann zückte er seine Brieftasche. Das Bezahlen solle sie bitte ihm überlassen. Er wusste schließlich, dass Hannas Konto regelmäßig ums Überleben kämpfte.

Hinterher holten sie Emma bei Hannas Freundin ab, wo sie für den Abend geparkt worden war, und fuhren in die Wohnung. Die Achtjährige wirkte aufgekratzt. Ob es daran lag, dass er zu solch später Stunde noch nie bei ihnen zuhause gewesen war? Nur mit viel Überredungskunst ließ sie sich dazu bewegen, ins Bett zu gehen. Mindestens eine ihrer vielen Winnie Puuh-Cassetten wolle sie hören, was Hanna ihr erlaubte. Irgendwann würden ihr dabei die Augen zufallen, sagte sie mit einem Schmunzeln.

Beim Frühstück guckte Emma einen Moment lang verwundert. Dass eine dritte Person mit ihnen am Tisch saß, das kannte sie nicht. Und da sie ein Plappermäulchen war, bestritt sie auch an diesem Morgen die Unterhaltung. Was ihn amüsierte, denn so etwas war Neuland für ihn. Er frühstückte stets allein. Emma mochte ihn, daran bestand kein Zweifel. Und er mochte sie. Nur dass er dem »Nutella« nichts abgewinnen konnte, verstand sie nicht. Als Kind, ja da hätte er sich eine solche Schokoladencreme mit Kusshand aufs Brot geschmiert, jetzt stand er mehr auf Herzhaftes. Aber da Hannas Kühlschrank nichts dergleichen hergab, nahm er mit Erdbeermarmelade vorlieb. Fast alles war ein Genuss, wenn Hanna ihm gegenübersaß. Kaffee war glücklicherweise in rauen Mengen vorhanden, den brauchten sie auch. Geschlafen hatten sie in der letzten Nacht so gut wie gar nicht.

In ihrem ersten Jahr würden sie an jedem Freitagabend essen gehen. Ein Jour fixe, der nur im Krankheitsfall abgesagt wurde. Auch alles andere würden sie wiederholen. Und das nicht nur freitags.

Mit Hanna an der Seite war Robert in seinem ureigenen Paradies angekommen. Wie im Märchen hatte sich das angefühlt. Zu schön, um wahr zu sein. Einfach alles genießen, hatte er gedacht, und das hatten sie beide in vollen Zügen getan. Und was war jetzt? Er könnte, kam es ihm in den Sinn, Hanna erneut in jenes Restaurant einladen. Denn es existierte noch, wenngleich der Besitzer gewechselt hatte. Auch sie waren nicht mehr dieselben, hatten eine Menge seitdem durchlebt. Doch im Herzen, dessen war er sicher, hatte sich nichts geändert. Wenn er entlassen worden wäre, würde er sofort dort anrufen und einen Tisch in einer der Nischen bestellen. Denn sie hätten was zu feiern.

Um ihn herum war nichts zu hören. Kein Besuch, keine Ärzte, kein Pflegepersonal. Nichts außer den Geräuschen, die das Monitoring von sich gab und die er kaum noch zur Kenntnis nahm. Zwischendurch piepste es mal, aber das schien nicht bedrohlich zu sein. Denn niemand kam, jedenfalls nicht, dass er es bemerkte. Vermutlich wurde er per Bildschirm überwacht. Wie müde er war, würde man darauf wohl kaum sehen können. *Müde, matt, marode.* Doch schlafen konnte er seltsamerweise nicht. Vor seinen Augen blitzte eine Situation auf.

Es war der Morgen, an dem sich die Meldungen überschlugen: Putin hatte die Ukraine überfallen. Und als er einkaufen fuhr, kreisten seine Gedanken nur um die weltpolitische Lage. Zuhause würde ihm Miez-Maunz entgegengeschnurrt kommen und ihn ablenken. Hatte Hanna nicht gesagt, er solle sich die Hände waschen? Warum er das dauernd vergessen würde? Diesen lehrerhaften Unterton, den sie manchmal an den Tag legte, mochte er nicht. Nur ungern ließ er sich erziehen. Er sei doch kein Hund! Hatte er ihrer Aufforderung Folge geleistet? Er wusste es nicht mehr.

Aber schlagartig wurde ihm klar, dass es kurz danach losgegangen war. Sein allgemeines Unwohlsein hatte er auf Berts Tod geschoben, der ihn sehr mitgenommen hatte. Aber was wäre, wenn dem nicht so war? Und ein Wort ploppte in seinem Gehirn auf. Es hatte sämtliche Medien dominiert, sodass man irgendwann nicht mehr hinhören mochte. Sollte er sich tatsächlich infiziert haben? Und ob seine Lungenprobleme unter die Langzeitfolgen fielen? Auch da hatte er leider weggehört. So was betraf immer nur die anderen und nicht einen selbst.

Aber dieses Konstrukt würde durchaus Sinn machen. Und als wenn ihn diese Erkenntnis enorme Kraft gekostet hätte, fühlte er eine Erschöpfung wie selten zuvor. *Hirnsausen.* Gerne hätte er ungläubig den Kopf geschüttelt. Das könne doch alles nicht wahr sein …

Siebzehntes Kapitel

Der blutjunge Mediziner, den man an diesem Wochenende eingesetzt hatte, sprach mit hörbarem Akzent - den Hanna sofort geografisch einzuordnen wusste, da sie ein Fan des tschechischen Sängers Karel Gott gewesen war. Diese weichen wohlklingenden Laute waren eindeutig slawisch. Obwohl sich Hanna bemühte, ohne Vorurteile zu denken (Auch an ausländischen Kliniken würde anständig ausgebildet!), hatte sie welche und konnte den Worten des Arztes keinen rechten Glauben schenken. Sie wollte es auch gar nicht. Was hatte er gesagt, während sein Blick zwischen Robert und der Patientenakte hin- und herwanderte? Es täte ihm leid, aber er sehe nur *wenig Hoffnung*. Seine Betroffenheit hielt sich in Grenzen, in diesem Tonfall hätte er auch über die Corona-Bestimmungen informieren können. In seinem Alter dürfte sich die Empathie-Fähigkeit noch nicht so abgenutzt haben, fand Hanna. Schließlich ging es hier um menschliche Schicksale!

Nur wenig Hoffnung. Klar, blöd war sie nicht. Zwei immens wichtige Organe brauchten Unterstützung, um funktionieren zu können, ein anderes war geschädigt. Doch die Medizin war in Roberts Situation sicherlich noch nicht ausgereizt. Warum so pessimistisch? Mit einer seltsam belegten Stimme hörte sie sich fragen, was diese Worte bedeuten würden. *Wenig* sei ein relativer Begriff, ob er es auch genauer sagen könne? Und dann kam es genauer, als sie es hatte hören wollen. 20 Prozent sehe er, vielleicht auch 30, mehr nicht. Hanna rechnete schnell, dann atmete sie auf. Das arithmetische Mittel würde 25 Prozent ergeben. Das wäre doch eine beträchtliche Menge, oder? Ein ganzes Viertel auf ihrer Hoffnungsskala. Warum diese düstere Prognose? Gerade wollte sie verwundert nachhaken, als der Arzt schon bei seinem nächsten Satz angelangt war, der ihm allerdings nicht mehr so glatt über die Lippen ging.

Man müsse überlegen, wie man fortfahren wolle, hörte Hanna.

Und stutzte. Weil sie nicht verstand, was es da groß zu überlegen gab. Würde man nicht so weitermachen wie bisher? Künstliche Beatmung, Dialyse und all das andere? Na gut, vielleicht könnte man die Medikation optimieren. Ob der Arzt das meinte? Gewiss würde es so sein, dachte sie. Und dann würde man abwarten. Aber das tun wir bereits seit zehn Tagen, meldete sich eine leise Stimme in Hanna, die sie ignorieren wollte. Irgendwann *musste* es doch besser werden! Natürlich hatte sie nicht vor, einem examinierten Arzt auf die Füße zu treten, auch wenn er jung und fremder Herkunft war. Sie kannte solche Situationen von Elternsprechtagen. Wie angesäuert sie reagierte, wenn Väter und Mütter alles besser zu wissen glaubten als sie, die Fachkraft. Nein, so ein dreistes Verhalten würde auch Robert nicht gutheißen.

Sie konnte es wenden, wie sie es wollte. Die Worte des Arztes hatten sie gründlich verunsichert. Sie, die gerade so zuversichtlich gewesen war, begann an ihrer Hoffnungsskala zu zweifeln. Und als ob dem nicht genug wäre, fiel ihr wieder die gemeinsame Patientenverfügung ein. Ein Passus, von dem sie gar nicht wusste, dass sie ihn noch im Kopf hatte. *Wenn ich mich in einem ...* Entsetzt hielt sie im Denken inne. Warum dachte sie das ausgerechnet jetzt? *Davon* könne ja wohl überhaupt keine Rede sein! Dennoch. Das Unbehagen in ihr blieb und sie merkte, dass sie unbedingt Gewissheit brauchte. Warum man nicht wie bisher fortfahren könne, fragte sie den Mediziner zaghaft. Dann sprach sie *es* aus und schreckte beim Klang ihrer Worte zusammen: Sie verstünde das nicht, schließlich würde sich ihr Mann in keinem, sie zauderte, *unabwendbaren Sterbeprozess* befinden. *D a s* könne er, der Arzt, doch wohl unmöglich gemeint haben! Emma und Philipp tauschten vorsichtige Blicke aus. Und beide schwiegen betreten.

Nein, nein, so weit sei man noch lange nicht, stellte sich Hannas Gehirn die Antwort vor, *selbstverständlich könne die bisherige Behandlung weitergeführt werden!* Voller Ungeduld wartete Hanna auf diese erlösenden Worte, die der Arzt jeden Moment sprechen würde, doch sie kamen nicht. Warum sagte er nichts? Stattdessen ging er zum Krankenbett und hob Roberts Decke hoch. Er zeigte auf dessen dünne Beine, die regungslos auf der Matratze ruhten. Wie Pommespieker würden sie aussehen, diesen Ausdruck hatte er gerne benutzt. Wenn Hanna genau hinguckte, glaubte sie etwas anderes zu sehen. Eine Marmorierung. Kühl fühlte sich seine Haut an. Wann hatte sie zuletzt ihren Mann in diesem Zustand betrachtet? Sie hätte es nicht sagen können. Und dann glaubte sie ihren Ohren nicht zu trauen. Was sie hier erblicke, sei ein untrügliches Zeichen für einen nahenden Exitus. Die Durchblutung nehme ab, was dazu führe, dass sich die Haut an den Extremitäten verändere. Auch die schwarzen Zehen würden in diese Richtung verweisen.

WIE BITTE? Was hatte der radebrechende Aushilfsdoc, der Robert nie zuvor gesehen hatte, soeben von sich gegeben? Worte, die Hanna mit einem Schlag den Boden unter den Füßen wegrissen. Nicht einmal in Gedanken mochte sie diese wiederholen. *Na-hen-der E-xi-tus?* Mit ungläubig geweiteten Augen schaute sie ihre Kinder an, die nach wie vor ihrem Blick auswichen. War das, was man hier tat, ein Kampf gegen Windmühlen? Sollte es tatsächlich stimmen, dass Robert bereits im Sterben lag? Ihr Gehirn weigerte sich, das zu glauben. Nein, diese Unworte konnten unmöglich stimmen! Sie *durften* es einfach nicht.

Empörung machte sich in Hanna breit. Warum schalteten sich Emma und Philipp nicht ein? Warum protestierten sie nicht? Sagten, dass sein verändertes Hautbild auch andere Ursachen haben könnte? Aber dann durchzuckte es sie, wie ein eisiger Blitz: Sollten ihre Kinder etwa die Meinung des Arztes teilen? War das der Grund, warum sie ihrer Mutter nicht in die Augen sehen konnten? Und war sie lediglich zu naiv, um das zu erkennen? Nein, beschied sie, nein. Es ging doch um *ihren* Mann. Um *ihre große Liebe*! Ohne ihn würde sie nicht leben können. War es nicht ihr gutes Recht, diese Aussage zu hinterfragen, sie anzuzweifeln? Und dann kam, genauso schnell wie das Unheil gekommen war, auch die Rettung. Nicht von Emma, nicht von Philipp, nicht aus dem Mund des Arztes. Sondern aus der Patientenverfügung, denn Hanna erinnerte sich an weitere Einzelheiten. Mussten nicht *zwei* Mediziner, unabhängig voneinander, diese fatale Prognose stellen? Die alleinige Meinung eines Wald-und-Wiesen-Doktors würde nicht ausreichen. Jetzt verspürte auch sie *Hirnsausen*. Bis heute hatte dieses Wort ihrem Mann gehört. Niemals hatte sie es selbst in den Mund genommen. Aber jetzt dachte sie es und sprach es sogar aus. Weil sie das alles nicht fassen konnte.

In diesem Moment schaute der junge Arzt sie alle an. Zuerst Hanna, dann ihre Kinder. Gerne könne man morgen mit seinem Kollegen reden, der den Patienten ja länger betreue als er. Offenbar waren Zweifel und Verzweiflung der Ehefrau zu ihm durchgedrungen. Gottseidank! Nach dieser Unterredung würde die Welt wieder anders aussehen. Heller, hoffnungsreicher. Und voller Zärtlichkeit fiel ihr Blick auf Robert.

Sein Kopf war seitlich auf das Kissen gebettet. Mit einem zusammengefalteten Handtuch als Polster, um Druckstellen zu vermeiden. Wären da nicht die transparenten Heftpflaster gewesen, mit denen die zahlreichen Schläuche fixiert wurden, hätte Robert tief schlafen können. Oder ganz entspannt Musik hören, denn der weiße Clip am linken Ohrläppchen, der den Sauerstoffgehalt des Blutes kontrollierte, sah aus wie die *Blue tooth*-Kopfhörer, die so viele Jugendliche trugen. Friedlich wirkte er. Als wenn ihn nichts belasten würde. Und dann dachte Hanna etwas gänzlich Undenkbares. So ähnlich würde Robert aussehen, wenn er tot wäre. *Müde, matt, marode, krank, todkrank … tot?* Für einen Moment schwindelte ihr und sie ließ sich auf dem Hocker nieder, den Emma ihr unter den Hintern geschoben hatte. Was würden ihre Kinder sagen, wenn der Arzt gleich den Raum verlassen hätte und sie unter sich wären? Ob sie dessen fachliche Meinung teilten? Hanna seufzte.

Emma ergriff zuerst das Wort. Ohne jegliche Umschweife kam die pragmatisch Veranlagte zum Thema. Und Hanna ertappte sich dabei, dass sie nicken musste. So überzeugend war das, was sie da hörte. Für Emma, die in Krankenhäusern mehr gesehen hatte, als Hanna jemals sehen würde, schien die Sache klar zu sein. Bei Robert scheine ein multiples Organversagen vorzuliegen. Ohne entsprechende Hilfen könne er den Alltag nicht mehr meistern, so bitter das auch klinge. Da käme nur eine Unterbringung in Frage. Oder eine *Vierundzwanzig-Stunden-Olga*. Denn dazu würde sie, die Mama, nicht in der Lage sein.

Und je länger eine künstliche Beatmung dauere, desto größer werde die Gefahr einer Hirnschädigung. Was in dem Fall etwas Gutes hätte: Wenn er in seiner eigenen Welt leben würde, bekäme er diese ganze Misere nicht mit. Doch jetzt wurde Emmas Ton scharf, so wie auch Philipps Ton einmal scharf geworden war. Aber die Mama solle mal überlegen, dass es auch sein könne, dass Robert klar im Kopf aus dem Koma aufwache. Was für eine wundervolle Vorstellung, dachte Hanna insgeheim. Jeden Tag würde sie ihn besuchen kommen. Bei ihm sitzen, mit ihm reden oder vielleicht sogar spazieren gehen. Es solle ihm an rein gar nichts fehlen. Dann aber musste sie schlucken. Heftigst.

Denn Emma sah dieses Szenario anders. Wenn Robert in der Lage wäre, seine Situation zu reflektieren, wie sehr würde er sie alle *hassen*! Sie, seine Frau, ganz besonders. Dabei betonte Emma das Wort *hassen* derart, dass es fürwahr *hässlich* klang. Er werde es niemals verwinden können, dass man die Patientenverfügung ignoriert habe. Sei das nicht sein ausdrücklicher Wille gewesen, auf dessen Umsetzung er gebaut habe? Nun sei der Notartermin für die Katz gewesen und er, auf Gedeih und Verderben, einkaserniert! Die Mama werde nach ihren Besuchen in ihr gewohntes Zuhause, in ihren Alltag zurückkehren können, er aber müsse bleiben. Auch eine Pflegekraft, mochte sie noch so sympathisch sein, die Tag und Nacht um ihn herumwuselte, würde er, wenn überhaupt, nur widerstrebend dulden. Und Hanna wurde mit einem Schlag klar, dass ihre Kinder keinerlei Zweifel an den Ausführungen des Arztes hegten. Sie fühlte sich, als wenn man sie, pitsch, patsch, links und rechts geohrfeigt hätte. Zu Recht, wie sie einräumen musste. Wie hatte sie nur so kleinlich und so egoistisch denken können? Würde sie tatsächlich, um Robert nicht hergeben zu müssen, ihn zu einem Leben in Unfreiheit verurteilen wollen? Nein, *never ever* wollte sie das.

Wer wahrhaftig liebt, lässt los.

Diese Weisheit war nicht auf ihrem Mist gewachsen. In der 10. Klasse pflegte sie Ausschnitte aus *Der Kaukasische Kreidekreis* zu lesen. Brechts Parabel über zwei Mütter, die Anspruch auf dasselbe Kind erhoben. Die eine hatte es zur Welt gebracht, die andere, eine Magd, hatte es in Kriegswirren zu sich genommen. Man werde das Kind in einen Kreidekreis stellen, verkündete der Richter, und beide Frauen sollten gleichzeitig versuchen, es dort herauszuziehen. Während die biologische Mutter das Kind mit Gewalt in ihre Richtung zerrte, obsiegte bei der Magd das Mitleid. Um dem Ziehkind keine Schmerzen zuzufügen, verzichtete sie freiwillig. Und der Richter entschied zu ihren Gunsten, denn nur sie habe das Wohl des Kindes im Auge gehabt.

Eine literarische Parabel war wie ein Gleichnis aufgebaut. Und dann fiel es Hanna wie Schuppen von den Augen: Diese Frauen, das war ja sie! Die *eine* Hanna wollte Robert in ihrem eigenen Leben behalten, ohne

Rücksicht auf dessen Wünsche. Die *andere* Hanna würde sich darum kümmern, dass er kein unwürdiges Leben führen müsse. Und *diese* Hanna wollte sie sein! Aber was ihre Entscheidung genau bedeuten würde, ahnte sie in diesem Moment nur. Darüber wollte sie erst später nachdenken. Genau wie Scarlett, ihre Heldin aus *Vom Winde verweht,* es stets praktiziert hatte. Morgen sei schließlich auch noch ein Tag.

Mit einem Kuss verabschiedete sich die *wahre* Hanna von Robert. Er solle sich keine Sorgen machen, flüsterte sie ihm ins Ohr, denn er könne sich auf sie verlassen. Sie werde zu ihrem Versprechen stehen. Und dann spürte sie, wie sein gesamter Körper vibrierte. Hatten sie sich gerade wieder ohne Worte verstanden?

Achtzehntes Kapitel

Um elf Uhr traf man sich im Büro des Oberarztes, in dessen Händen die Leitung der Intensivstation lag. Also nicht zwischen Tür und Angel im Patientenzimmer. Der Kaffee-Automat brummte, doch Emma und Philipp lehnten ab. Hanna sowieso, da sie ausschließlich Tee trank. Dass ihre Tochter im medizinischen Bereich arbeitete, war bekannt. Sie selbst hatte es einmal bei Gelegenheit durchklingen lassen.

In der Luft lag eine Anspannung, die man mit Fingern hätte greifen können. Der Arzt, obwohl er anfangs bei Hanna keinen positiven Eindruck hinterlassen hatte, war in ihren Augen gewachsen. *Allen Menschen recht getun, ist eine Kunst, die niemand kann.* Ob es daran lag, dass er erfahren hatte, dass sich jemand aus der Familie in der Schulmedizin auskannte? Auch Hanna legte jedes Wort auf die Goldwaage, wenn sich ihre Schülereltern als Lehrer zu erkennen gaben. Nun, *ihr* Kollege war er nicht, dennoch blickte er sie, am Schreibtisch gegenübersitzend, freundlich an. Er bedauere zutiefst, dass der Zustand des Patienten unverändert geblieben sei. Ja, und jetzt?, fragte sich Hanna. Und als wenn er ihre Gedanken hätte lesen können, kam er unverzüglich zur Sache - wie ein Operateur, der mit einem schnellen Schnitt seinen Patienten schonen wollte. Heute habe man bereits den 11. Tag mit künstlicher Beatmung und maximaler Medikation, ohne dass sich ein Aufwärtstrend abzeichne. *Maximale Medikation,* dachte sie und knetete ihre Finger, die klamm geworden waren. Jetzt wäre eine wärmende Teetasse willkommen gewesen, an der sie sich hätte festhalten können. Die Medizin war also am Ende und ihre letzte Hoffnung damit weg vom Tisch.

Und dann hörte sie es, wie ein Déjà-entendu: Jeder Tag mit hoher Sauerstoffzufuhr werde die Chance, ohne Hirnschädigung aus dem Koma aufzuwachen, verringern - genau wie Emma es vorhergesagt hatte. Außerdem könne eine längere künstliche Beatmung Kehlkopf und Stimmbänder schädigen. Von den Hautirritationen, die der tägliche Pflasterwechsel hervorrufe, ganz zu schweigen. Hanna spürte, dass der Arzt einen Vorschlag machen wollte. Und dann zerteilte er, mit dem nächsten Wort, den Raum. *Tracheotomie.* Hanna zuckte zusammen, als ob ein Chirurg das Skalpell an ihrer eigenen Luftröhre angesetzt hätte. Nein, wie das genau vonstattenging, das wollte sie gar nicht wissen. Obwohl viele Betroffene, jetzt hörte sie doch hin, mit einem künstlichen Zugang zur Luftröhre gut leben und sogar sprechen könnten. *Gut*? Nun, das sei dahingestellt, dachte sie. Wieder etwas Künstliches, wieder etwas Unangenehmes, mit dem sich Robert bestimmt nicht wohl fühlen würde. Und dann kam es dicke. Auch mit einer anderen Operation dürfe man nicht länger warten, weil sonst eine neue Sepsis drohe.

Kulenkampffs Schuhe, so hieß die Doku, an deren Titel sich Hanna plötzlich erinnerte, weil Robert und sie gemeinsam vor dem Fernseher gesessen hatten. Wie es wohl für ihn wäre, einige seiner Zehen zu verlieren? Solange er seine Mobilität behielte, würde das ein Nebenkriegsschauplatz sein, mit dem er sich vermutlich arrangieren könnte. Man brauchte lediglich einen geschickten Orthopädieschuhmacher, auch das Handicap des Showmasters war verborgen geblieben. Man durfte nur nicht selbst auf das Narbengewebe gucken. Hanna hatte eine Brustamputation hinter sich und wusste, wovon sie sprach.

Nein, das Problem würde woanders liegen. *Man müsse überlegen, wie man fortfahren wolle.* Wann würde der Arzt noch mehr dazu sagen? Oder würde er es nicht tun? Aber dann tat er es und nahm kein Blatt vor den Mund. Mit an Sicherheit grenzender Wahrscheinlichkeit werde man von einem Pflegefall ausgehen müssen. Es gebe WGs für solche Patienten, die nicht allein atmen konnten, wo geschultes Personal, Ärzte inklusive, die Betreuung übernehmen würden. Also keine *Olga*, ging es Hanna durch den Kopf, also doch ein Heim. Wo auch das allerschönste Zimmer niemals zu einem Zuhause würde. Nur in seinen eigenen vier Wänden hatte er sich, jedenfalls in der letzten Zeit, wohl gefühlt. Und dorthin hatte er zurückgewollt. Bis zuletzt. Aber selbst in diesem dunklen Moment, als Hanna die 112 wählen musste, hatte er sicherlich nicht damit gerechnet, nie mehr in *sein* Zuhause zu kommen.

Es war ein bewegender Moment, als der Arzt auf die Patientenakte deutete, die geöffnet vor ihm lag. Das alles, was er gerade in Aussicht gestellt habe, würde wohl nicht im Sinne des Patienten sein. Bereits morgen könne man die Therapie beenden. Er bemühte sich um einen sachlichen Ton, der ihm nicht ganz gelingen wollte. Auch solche Sätze, vermutlich schon oft gesagt, gingen nicht spurlos an ihm vorüber. Emma und Philipp nickten stumm vor sich hin, lediglich Hanna erbat sich eine Bedenkzeit. Ja, das sei vollkommen in Ordnung, wurde ihr versichert, ein Anruf auf der Station, sogar in den Abendstunden, genüge vollends. Sie solle sich alle Zeit der Welt nehmen. Warum war sie, wider besseres Wissen, noch unschlüssig? Gab es überhaupt eine Alternative, wenn sie Roberts letzten Wunsch erfüllen wollte? Nein, die gab es nicht. Und um ihn unglücklich zu sehen, dazu liebte sie ihn viel zu sehr. *Du bist für das verantwortlich, was du dir vertraut gemacht hast.* Auch diese schwere Entscheidung würde darunter fallen.

Als sie nach Hause fuhren - das Wort bekam für Hanna auf einmal eine neue, anheimelnde Qualität - schüttete es wie aus Eimern. Wie in manchen Filmen spiegelte das Wetter die Gefühle der Protagonisten wider. Philipp saß am Steuer, während Hanna vor sich hinstarrte. Sie wusste, dass sie nachher den Anruf tätigen musste. Ein Satz, der über Leben und Tod, über Glück und Unglück entschied. »Bitte stellen Sie morgen die Geräte bei Herrn Marré ab.« Mehrfach übte sie in Gedanken die Worte, versuchte sie leise vor sich hinzusagen und konnte einfach nicht glauben, dass sie der Wahrheit entsprechen sollten. Es musste sich um einen Irrtum handeln, auch ihrem Sprachzentrum schien es so zu gehen. Weshalb der Satz nicht über ihre Lippen kommen wollte.

Derweil war Emma unterwegs zu ihrer eigenen Familie. Hanna stellte sich vor, dass ihre Tochter die Geburt von Fabio vor Augen haben mochte, Hannas und Roberts erstem Enkelkind. Da sich der kleine Kerl partout nicht im Bauch drehen wollte, wurde er, um eventuelle Komplikationen zu vermeiden, vor dem errechneten Termin per Kaiserschnitt geholt. Damit hatten die Ärzte der Natur das Sagen abgenommen und den Eintrittstermin ins Leben festgelegt. Nun war es umgekehrt, man würde ein Leben vor der Zeit beenden. Wer weiß, wie lang es dauern würde, wenn die Natur das Sagen hätte?

Mit leeren Augen verfolgte Hanna die Regentropfen, die der Scheibenwischer zur Seite drängte. Und sie musste an Roberts Profilspruch denken, den er nach Berts Tod beibehalten hatte. Ein einziges Wort nur.

Angekommen. Plötzlich verstand sie. *Ankommen* und *nach Hause wollen* - war das nicht ein und dieselbe Seite der Medaille? Eine unbewusste Sehnsucht, die an Roberts Seele genagt hatte? Wie hieß doch gleich der preisgekrönte Film von Rainer Maria Fassbender, den sie aus dem Fernsehen kannte? *Angst essen Seele auf.* Sorgen taten es ebenso.

Im Esszimmer saßen sich Philipp und sie beklommen gegenüber. Wie ein Damoklesschwert lag das Telefon vor ihnen auf dem Tisch. Er nickte ihr zu. *Du schaffst das,* signalisierten seine Augen, *weil du es für den Papa machst.* Doch nachdem sie die Nummer eingetippt hatte, gehorchte ihr die Zunge nicht. Und sie reichte den Hörer an Philipp weiter. Er ahnte, dass seine Mutter nach dem heutigen Abend nie wieder dieselbe sein würde, genau wie sein Vater nie wieder derselbe geworden wäre, hätte er nicht mehr in sein Zuhause gedurft. Einen kurzen Moment lang fürchtete er sich vor der neuen Verantwortung, die auf ihn und seine Schwester zukommen würde. Er war ein tougher junger Mann von Mitte 20. Aber ob er damit umgehen konnte?

Und während Philipp *es* aussprach, wischte etwas anderes durch Hannas Gehirn. Eine Situation, die ein Menschenleben zurücklag. An ihrem Todestag hatte ihre Mutter heiter und gelöst gewirkt. Mit wachem Blick lauschte sie den Worten der Tochter, doch als sie selbst reden wollte, realisierte sie, dass sie dafür zu schwach war. Dieser letzte Blick, voller Liebe und Verzweiflung, würde für immer auf Hannas Netzhaut eingebrannt sein. Bislang, so hatte sie geglaubt, sei dies der *Worst Case* ihres Lebens gewesen. An den Tod ihrer Zwillingsschwester vermochte sich nur ihr Körpergedächtnis zu erinnern. Denn so lange Hanna zurückdenken konnte, fürchtete sie sich davor, dass sie jemanden, den sie über alles liebte, urplötzlich verlieren könnte. Mal fürchtete sie sich mehr, mal weniger. Und jetzt wieder mehr.

Was hatte sie heute vor einem Jahr gemacht? Hanna stand auf und ging ins Schlafzimmer. Sie, die seit zwei Jahrzehnten Tagebuch führte, öffnete den hölzernen Karteikasten, in dem sie ihre *Brigitte-Goldkalender* verwahrte, und begann sich durchs Jahr 2021 zu blättern. Noch bevor sie fündig geworden war, wusste sie es. Weil der Septembertag plastisch vor ihren Augen stand. Mit einer Kollegin hatte sie eine Matinee veranstaltet und aus ihrem Roman gelesen. Fast alle Bekannten und Freunde, die eingeladen waren, sagten zu. Auch ihre Familie war dabei. Emma und Robert hatten Kuchen gebacken, Philipp sorgte für die musikalische Untermalung. Wie würde sie reagiert haben, wenn man ihr zugeraunt hätte, dass ihr Mann, der dort unter den Gästen saß und begeistert klatschte, in nur einem Jahr sterben würde? »Das kann nicht sein!«, hätte sie die Prophezeiung energisch von sich gewiesen.

Dann hätte sie vermutlich nachgedacht. *Nach kurzer schwerer Krankheit gestorben.* Ob es so passieren würde? Wie oft hatte sie diesen Satz in fremden Todesanzeigen gelesen. Oder würde es ein Unfall sein? Wie bei Emmas Schwiegervater? »Lass uns noch mal so richtig leben, so richtig verliebt sein, wie wir es früher waren. Lass uns jede Stunde, jede Minute des nächsten Jahres voll und ganz auskosten!« Hätte sie das zu Robert gesagt? Oder hätte er es zu ihr gesagt? 365 Tage! Aber genau wie die sechs Wochen Sommerferien, die bei Beginn unvorstellbar lang erschienen, würde auch diese Zeitspanne zu Ende gehen. Und das Metermaß des Lebens mit jedem Tag kürzer werden. Ob man nach einer solchen Vorbereitungszeit besser mit dem Tod umgehen konnte?

Scheibenkleister, dachte Hanna. Und erinnerte sich an früher. Als ihrem Vater jenes Wort herausgerutscht war, weil er die Schnittkanten der Märchentapete im Kinderzimmer nicht akkurat aneinandergeklebt hatte. Als Synonym für einen wenig salonfähigen Kraftausdruck war *Scheibenkleister* zum geflügelten Wort in der Familie geworden. Aber jetzt wollte Hanna auf Euphemismen verzichten. Und so rief sie es laut, überlaut, in den Raum hinein: *Schei-ße! Schei-ße*! Und abermals *Scheiße*. Bis Philipp verstohlen die Schlafzimmertür öffnete und beim Anblick seiner Mutter, die eins ihrer Tagebücher in den Händen hielt, aufatmete. Wer weiß, was er erwartet hatte. Ja, eine gottverdammte Scheiße sei das! Das habe der Papa nicht verdient. Aber wer hatte überhaupt was verdient? Und wer würde darüber entscheiden?

Neunzehntes Kapitel

Der Kalender - eine Aufmerksamkeit der Druckerei, die Hannas Roman zu Papier gebracht hatte - zeigte den 27. September an. Wie an jedem Morgen hatte sie den Datums-Feststeller weiter gerückt. Doch heute wusste sie, dass sie es nie mehr tun würde. Denn dieser Tag sollte bleiben. Weil er eine Zäsur in ihrem, in ihrer aller Leben war.

Emma wartete bereits am Krankenhausportal, sie hatte sich frei genommen. Wie gestern auch. Als die drei die Intensivstation betraten, winkte sie der Oberarzt sogleich in sein Dienstzimmer. Man habe die Geräte vor einer halben Stunde abgeschaltet, berichtete er. Die Schmerz- und Schlafmittel würden aber in voller Höhe weitergegeben. Ab jetzt laufe die Beatmung auf Raumluft-Niveau, die Dialyse sei ausgeschaltet. Und bald würde der Blutdruck, der sowieso recht niedrig sei, peu à peu sinken, genau wie der Sauerstoffgehalt im Blut. Wie lange?, fragte Hanna mit banger Stimme. Das könne niemand mit absoluter Gewissheit sagen, das sei von Patient zu Patient sehr unterschiedlich. Sie vernahm die Worte, doch dass sie sich auf Robert beziehen sollten, wollte nicht in ihren Kopf. *Wir sprechen über jemand anderen*, mehr konnte sie nicht denken. *Unmöglich können wir Robert meinen.*

Und dann standen sie vor dem Patientenzimmer.

Wie so oft gingen Emma und Philipp zuerst hinein. Hanna folgte. Heute würde sie zum letzten Mal durch diese Tür gehen. Heute würde sie zum letzten Mal Robert lebend sehen können. Wie sehr sich seine Schulterknochen unter dem Krankenhaushemd abzeichneten! Er war nur noch ein Schatten seiner selbst, dachte sie, dennoch lebte er. Atmete. Träumte. Vielleicht konnte er sie - infolge des Serotonins, das kurz vor dem Tod ausgeschüttet würde - sogar hören. Für sie existierte die Chance eines medizinischen Wunders immer noch. Aber nur theoretisch, das musste sie sich ehrlicherweise eingestehen. Emmas fachkundiger Blick fiel auf die Anzeigefelder der Apparaturen. Bei den Werten, an die sie sich offenbar erinnern konnte, habe sich kaum was getan. Wie schön, dachte Hanna, dann würde es nicht so schnell gehen. Und es wäre noch Zeit für das, was sie sich überlegt hatte.

Zielstrebig ging sie zu dem CD-Player, der auf einem Schrank neben der Tür stand und nahm eine CD aus ihrer Handtasche. Johannes Brahms' *Ungarische Tänze.* Mit der Technik des Gerätes vertraut, steuerte sie einen bestimmten Track an. Und innerhalb von wenigen Sekunden erfüllten Orchesterklänge voller Leidenschaft, Temperament und Sehnsucht den stillen Raum und sie fühlte sich an jenen heißen Juli-Tag vor 33 Jahren zurückversetzt. Ihr Hochzeitstag.

War das nicht sein Lieblingskomponist?

Er brauchte nicht lange zu überlegen – ja, das war er! Und er sah die vielen Partituren vor seinem inneren Auge, die sich in einem Regal stapelten sowie das Altersporträt des Musikers, das gerahmt über dem Klavier hing. Ein gestandenes Mannsbild mit Rauschebart. Ob Brahms verheiratet gewesen war, hatte ihn Hanna einmal gefragt. Und er wusste, mit Augenzwinkern, den Meister zu zitieren: »Ich war leider nie verheiratet und bin es Gott sei Dank noch immer nicht!« Dann hatten sie beide gelacht. Weil er schon lange nicht mehr so dachte wie sein Idol. Und jetzt hörte er den »Ungarischen Tanz Nr. 5«. Das konnte nur Hanna veranlasst haben …

Der Tag vor der Hochzeit war hektisch verlaufen.

Als Erstes besorgte er Bier und diverse andere Spirituosen, eine Flasche »Julischka« hatte ihnen der Besitzer ihres Freitagabend-Restaurants geschenkt. Schließlich waren sie ein ganzes Jahr lang seine Stammgäste gewesen, auch nach dem Standesamt würde man dort zu Mittag essen. Für die anschließende Feier, die in den Wohnräumen seiner Mutter stattfinden sollte, standen Fisch und Käse auf dem Einkaufszettel, die Torten sowie den Brautstrauß würde er am nächsten Tag abholen. Und danach fing er an umzuräumen, stellte alle verfügbaren Tische aneinander und fuhr mit seinem Opel Kombi zur Schule. Die Polsterstühle im Lehrerzimmer würde im Moment niemand vermissen. Denn es waren Sommerferien, die schönsten seines Lebens. Während er noch unterwegs war, deckten Hanna und seine Mutter die Tische ein. Jetzt nur noch das Aquarium auf Vordermann bringen und das staubige Auto waschen! Geschafft. Wie nervös und aufgeregt sie waren! Es würde ein Neuanfang für ihr ganzes Leben sein.

Irgendwann lag Brahms auf dem Plattenteller. Und nun sah er es ganz deutlich vor sich, wie Hanna, als der »Ungarische Tanz Nr. 5« ertönte, ausgelassen durch die Zimmer wirbelte. Den Temperaturen geschuldet, waren die Ärmel seines Hemdes hochgekrempelt und die weiße Rose, die im Knopfloch seines Jacketts gesteckt hatte, stand nun in einem Wasserglas. Auch auf Hannas schwingendem Rock blühten helle, rosenähnliche Blumen. Passend zu ihrem Brautstrauß. Wie hinreißend sie aussah! Und nicht nur auf den Fotos, die sein Bruder schoss, strahlten sie um die Wette. Als wenn sie, wie bei »Halloween«, ausgehöhlte Kürbisse wären, die man von innen beleuchtet hatte. Hannas Gesicht war von einem Glow überzogen, wie er ihn noch nie an ihr gesehen hatte. Und in diesem Augenblick musste er an den Abend denken, wenn alle Gäste weg und sie allein wären. Müde, matt, aber keine Spur marode - sondern unsagbar glücklich.

Sie hatten sämtlichen Wahrscheinlichkeitstheoretikern ein Schnippchen geschlagen. »Die Chance, dass wir beide uns treffen, ging gegen Null und doch stehen wir jetzt hier« - mit Ringen aus 585er Gold, schmal und schlicht. Er hatte darauf bestanden, dass er ihren Ring bezahlte und sie den seinigen. Dabei ging es ihm ums Prinzip, was Hanna verstand. Denn sie wollten nicht nur sich selbst zum Geschenk machen, sondern auch ihre Eheringe wollten sie sich schenken. Bereits vor einigen Wochen hatten sie mit ihrer gemeinsamen Haushaltskasse angefangen. An einem Ort, wo wahrscheinlich kein Spitzbube Geld vermutete. Es würde ihn nie stören, dass er Oma Marthas Teekanne mehr füllen konnte als sie es hätte tun können.

Als die CD schwieg, merkte Hanna, dass sie allein war. Emma und Philipp hatten sich mit Blicken abgesprochen und den Raum verlassen, um ihrer Mutter einen intimen Moment der Zweisamkeit zu ermöglichen. Jetzt, da die Werte langsam sanken, hoffte sie darauf, dass Robert spüren würde, wie sie ihm über die Hand strich und diese festhielt. Und voll unendlicher Liebe und Dankbarkeit betrachtete sie ihn.

An einem 3.3. hatte es bei ihnen gefunkt. Nun lagen 33 Hochzeitstage, zweimal 33 Geburtstage, 33 mal Ostern und 33 mal Weihnachten hinter ihnen. Dann dachte sie: Er ist doch mein Mann, er darf einfach nicht sterben! Aber sie wusste, dass er es bald tun würde. Und sie beschloss, ihm den Abschied zu erleichtern, obwohl sie alles getan hätte, um ihn im Leben zu behalten. Aber nicht um jeden Preis. Er solle loslassen, flüsterte sie ihm ins Ohr, sie käme später nach. *Amor omnia vincit.*

Hachikō – eine wunderbare Freundschaft.
Wie war Hanna jetzt auf diesen Film gekommen?

Plötzlich wurde ihr bewusst, dass sie begonnen hatte, zu erzählen. Ob er sich an die Handlung erinnere, die sie beide so gerührt hatte? Mit jenem Hund, der in Japan als Inbegriff der Treue galt? An einem Bahnhof in Tokio habe der Akita Inu täglich auf sein Herrchen, einen Universitätsprofessor, gewartet, um ihn von der Arbeit abzuholen. Bis dieser während einer Vorlesung tot zusammengebrochen sei. Von da an habe Hachikō bei Wind und Wetter am Bahnhof ausgeharrt und vergeblich nach seinem Herrchen Ausschau gehalten. Viele Jahre lang. Bis man ihn tot aufgefunden habe. Und dann - ob er noch das Ende wisse? Da sei der Vierbeiner in der anderen Welt angekommen und seinem verstorbenen Besitzer freudig entgegengesprungen …

Jetzt kamen Hanna doch die Tränen.

Sie weinte um Robert, aber auch um sich selbst, weil sie in Zukunft allein sein würde. Wie sollte sie das alles bloß schaffen? Das Haus, den großen Garten? Den ganzen Papierkram? Wer würde auf sie warten, wenn sie nach Hause käme? Wer würde sie nachts wärmen? Sie dürfe nicht selbstsüchtig sein, redete sie sich zu. Und eine Spur schärfer - so wie Emma und Philipp es ihr gegenüber getan hatten - sagte sie zu sich, dass es keine annähernd akzeptable Alternative gebe. D a s durfte sie *never ever* vergessen. Wer wahrhaftig liebt, der lässt los.

Die Zeit tröpfelte. Wie ein defekter Wasserhahn.

Inzwischen waren ihre Kinder zurück, mit versteinertem Gesicht standen sie am Bett des Vaters. Er nehme sich aber Zeit, kommentierte Emma die Werte lakonisch. Doch ihr *Wie schön,* das Hanna vorhin noch gedacht hatte, wollte sich jetzt nicht mehr einstellen. Besser ein Ende mit Schrecken als ein Schrecken ohne Ende. Sollte sie *so* denken? Aber egal, wie lange es dauern würde, sie würde bleiben.

Ob sie kurz in die Cafeteria gehen und sich stärken sollten? Emma und Philipp nickten Hanna zu. Ja, etwas Nervennahrung, das sei eine gute Idee. Auch ihre Kinder hatten wohl nicht vor, nach Hause zu fahren. Die anwesenden Pflegekräfte und Ärzte gaben ihnen grünes Licht. Nach dem jetzigen Stand der Dinge müsse man in der nächsten Zeit mit keiner Änderung rechnen. Und wenn es wirklich dazu kommen sollte, werde man sich unverzüglich bei ihnen melden. Von der Cafeteria zur Intensivstation sei es lediglich ein Katzensprung. Bei diesem Ausdruck musste Hanna sofort an Oscar denken. Und an Renée. Ob sie jetzt auf Roberts Bett springen und ihn wissend anschnurren würde?

Wenn Miez-Maunz schmust, kommt dann auch der Tod?

Zwanzigstes Kapitel

In der Cafeteria sah man, obwohl es erst 16 Uhr war, dem Feierabend entgegen. Philipp und Emma hatten ein Stück trockenen Blechkuchen vor sich, die Auswahl war nicht mehr groß gewesen. Hanna, die keinen Hunger verspürte, wollte lediglich einen schwarzen Tee trinken. Wie beruhigt sie sich fühlen würde, wenn man im Patientenzimmer eine Überwachungskamera installiert hätte. Dann könnte sie Robert genau im Blick haben und die Monitore ebenfalls. *His final countdown.*

Als sie den Teebeutel aus der Tasse nehmen wollte, klingelte ihr Handy. Es war diese Zahlenfolge, die sie im Schlaf hätte herunterbeten können. *Nein,* war ihr erster Gedanke. *Doch,* dachte sie gleich danach. *D o c h .* Jetzt würde es so weit sein, jetzt würde es zu Ende gehen. Und gleich würde sie Robert zum letzten Mal in ihrem, in seinem Leben sehen. Das alles dachte sie in dem Moment, als sie das Telefon an ihre Tochter weiterreichte und aufsprang, um in Richtung Station zu laufen.

Sie müssten sich beeilen, wollte sie schon laut rufen, während sich vor Aufregung rote Flecken an ihrem Hals bildeten. Doch was tat Emma? Statt alles stehen und liegen zu lassen, drückte sie ihre Mutter sanft auf den Stuhl zurück und legte beide Arme um sie. Und dann kam Philipp, der es seiner Schwester gleichtat, weil er ahnte, was diese sagen würde. »Ach, Mama.« Tiefer Schmerz, tiefe Traurigkeit lagen in ihren Worten. Wann hatte Emmas gewöhnlich so forsche Stimme zuletzt so weich geklungen? So unsicher, wie die Mama es aufnehmen werde.

»Der Robert … ist gerade … gestorben.«
Kurz nachdem sie die Station verlassen hatten, sei es passiert.

Hanna konnte es nicht glauben. Während sie sich auf dem Weg zur Cafeteria begeben hatten, war er gegangen. Für immer und ewig. Ohne dass sie bei ihm gewesen sein konnte. Ohne dass sie seine Hand halten, ohne dass sie ihn zum Abschied auf die Wange küssen konnte. Es war einfach unfassbar. Und in ihr herrschte nur schwarze Ungläubigkeit. Robert sollte tot sein. Tot? Nein, das war nicht wahr. Das konnte nicht wahr sein. Er, mit dem sie 34 Jahre verbracht hatte, lebte nicht mehr? Alles in ihr wurde leer. Ein Adjektiv, das man nicht steigern konnte.

Sie sollten noch etwas warten, sagte Emma, nun wieder gefasst, man wolle ihn noch fertig machen. Die Schläuche entfernen und so. Gut, dass sie sich nicht in Einzelheiten erging! Diese wollte Hanna auf keinen Fall hören. Während sie noch in der Cafeteria saßen, konnte sie, obwohl sie es nicht wollte, nur eins denken: Was für ein Sturkopf Robert gewesen war! Zuhause hatte er seine Sorgen, seine Beschwerden für sich behalten wollen. Und dann, im Krankenhaus, hatte er exakt jenen Augenblick abgepasst, als er ebenfalls allein war. Innerhalb kürzester Zeit mussten seine Werte in den Keller gerasselt sein, so dass niemand vom Personal reagieren konnte. Ob es Robert allzu schwergefallen wäre, im Beisein seiner Familie zu gehen? Ob er Hanna und den Kindern, aber insbesondere seiner Frau, diese Endgültigkeit ersparen wollte? Damit sie ihn so in Erinnerung behielten, wie er gelebt hatte. Aber nicht wie zuletzt, was kein Leben mehr gewesen war. Sondern an sein früheres Ich sollten sie sich erinnern. Tatkräftig, unerschütterlich und stets mit einer Prise Humor. Und während sie all dies dachte, verpuffte ihr Zorn.

Es sei wie auf einem Flughafen, sprach Philipp in die gedankenschwere Stille hinein. Man verabschiede sich, winke den Angehörigen ein letztes Mal zu, drehe sich um und begebe sich dann zu seinem Flieger. Allein. Auf manche Reisen könne und wolle man niemanden mitnehmen. Das sei auch bei ihm so gewesen, als er nach Japan geflogen war und wusste, dass er lange von Zuhause getrennt sein würde. Auch der Papa habe sich vermutlich ähnlich gefühlt, so versuchte er seine Mutter zu trösten. Und diese dachte, völlig unpassend, dass Philipp ein guter Lehrer geworden wäre. Wie anschaulich er erklären konnte! Schade, dass ein solcher Beruf ein No-Go für ihn war. Dass die Schuld bei seinen Eltern lag, ahnte sie nicht. Weil sie zu den Mahlzeiten überwiegend ein Thema gekannt hatten – und zwar die Schattenseiten ihres Pädagogenalltags. Am liebsten hätte er sich die Ohren zugehalten. Hanna wunderte sich nur, dass sie sich soeben hatte vorstellen können, wie ihr Sohn vor einer Klasse stand. Ob es sich dabei um eine Selbstschutzmaßnahme ihres Gehirns gehandelt hatte, weil sie sonst, angesichts der Wirklichkeit, wahnsinnig geworden wäre?

Auf einmal hatte er wieder richtig atmen können. Weil es keinen Schlauch mehr gab, der sich komisch anfühlte, wenngleich er keine Schmerzen verursacht hatte. Einatmen und ausatmen, einatmen und ausatmen. Wie lange das so gegangen war? Er wusste es nicht. Doch irgendwann spürte er etwas anderes. Das Reservoir, aus dem sein Körper die Atemluft schöpfte, fühlte sich leer an. Als wenn es ein Leck hätte. Dann wäre ja irgendwann gar nichts mehr da, was nachfließen könnte! Ein Gedanke, der ihn eigentlich erschrecken sollte, es aber nicht tat. Und dann hörte er, wie aus dem Off einer Fernsehsendung, eine Stimme: »Die Ärzte haben den Kampf verloren, aber ich habe das Leben gewonnen.« Sollte er selbst das gesagt haben? Oder hatte er es nur laut gedacht? Verloren und dennoch gewonnen – es würde also weitergehen. Aber wie? Und was würde mit Hanna sein? Während er noch darüber sinnierte, atmete er aus, ohne wieder einatmen zu können. Seine Reserven waren erschöpft. Er hörte nur noch, dass die Apparaturen wie wild zu piepen begannen ...

Das geschehe häufiger, sagte man ihnen, als sie später auf die Station zurückkehrten. Todkranke würden genau dann sterben, wenn sie allein wären. Und dann ginge es oft sehr, sehr schnell. Ob ihr Körper die Schwingungen spürte und einen unerklärlichen Energieschub bekam, wenn die Familie das Zimmer verließ? Hatte sich Roberts Tür in die andere Welt genau zu diesem Zeitpunkt geöffnet? Wer konnte das schon sagen. Als Hanna nach dem Todeszeitpunkt fragte, fühlte sie sich seltsamerweise unbeteiligt. Weil es nicht sie war, der das alles passierte. Das musste die *andere* Hanna sein, die wie sie aussah, wie sie redete und doch eine andere war. Als ob sie noch eine weitere Zwillingsschwester hätte. Aber dann wären sie ja Drillinge! *Die drei Hannas.* Entgegen ihrem Willen musste sie schmunzeln, weil sich das wie eine Zirkus-Attraktion anhörte. Auch Robert hätte das bestimmt witzig gefunden.

Zum allerletzten Mal betraten sie das Patientenzimmer. Durch eine Kopfbewegung gaben Emma und Philipp ihrer Mutter zu verstehen, dass sie keine Bedenken zu haben brauchte. Der Papa würde aussehen wie immer. Wie immer? Nein, *wie immer* würde er nicht aussehen. Denn *immer* - das wären die Fotos, die zuhause hingen und die in ihrem Kopf gespeichert waren. In ihrem Leben hatte Hanna nur wenige Tote gesehen. Ihre Großeltern, ihre Tante, dann ihren Vater. Sich die aufgebahrte

Mutter anzusehen, davon hatte man ihr abgeraten. Obwohl *abgeraten* nicht ganz stimmte, denn das hätte eine Entscheidungsfreiheit impliziert. Man hatte es ihr schlichtweg verwehrt, weil die Mama, so wie sie zurecht gemacht worden sei, fremd aussehe.

Nein, *fremd* sah Robert nicht aus. Von weitem bemerkte sie keinen Unterschied zu den letzten Tagen, in denen er gelebt hatte. Wie jemand, der tief und fest schlief, wirkte er. Doch als sie dem Bett näherkam, registrierte sie den ungesunden Gelbstich seiner Haut. Diese wirkte wächsern, wie bei den Gestalten in *Madame Tussauds Wachsfigurenkabinett*, die lediglich aus gebührender Entfernung zu leben schienen. Und dann erblickte sie Roberts Gesichtsausdruck und blieb ehrfürchtig stehen. Denn er strahlte, wie er an ihrem Hochzeitstag gestrahlt hatte. Wie auf dem Foto, das auf der Kredenz stand. Ein nahezu überirdisches Strahlen.

Während die Geräusche in seinem Zimmer verhallten, tauchte vor ihm, wie aus dem Nirgendwo, ein schmiedeeisernes Tor auf. Das kenne ich, dachte er, aber woher? War es die metallene Bank in ihrem Wintergarten, an die es ihn erinnerte? Einen kurzen Moment nur, dann wusste er es. Sein Gehirn hatte ihm einen Streich gespielt! Weil sich üppige Blütenzweige um den Torbogen rankten. Weiße Kletterrosen - ein Dé-jà vu.

Erst kürzlich hatte Hanna seine Erinnerungen an jenen Tag wachgerufen. Auch jetzt hätte er nichts dagegen gehabt, weiter in der Vergangenheit zu schwelgen, als sich die Torflügel plötzlich öffneten und ein breiter Lichtkegel ihn blendete. Wie Flutlicht im Fußballstadion. Und eine nie gekannte Erleichterung strömte durch seinen Körper. Weil alle Sorgen, alle Beschwerden mit einem Schlag von ihm abfielen. Seine Befindlichkeiten verstecken zu müssen, das hatte ihn zuletzt ziemlich belastet. Nun würde ein neuer Seinszustand auf ihn warten. Ob er zu Hanna Kontakt halten konnte? Er musste sich unbedingt darum kümmern …

Roberts markante Nase ragte hager aus seinem Gesicht. Seine Augen, die seit Beginn des künstlichen Komas geschlossen waren, hatte man ihm nicht mehr zudrücken müssen. Und wie bei Verstorbenen üblich, war um seinen Hals ein zusammengefaltetes Handtuch drapiert worden. Eigenartigerweise schienen die schütteren Haare in Form geschnitten und der Bart frisch gestutzt. Ob man tatsächlich zu einem Elektrorasierer gegriffen hatte? Um ihnen, den Angehörigen, einen besseren Anblick zu bieten? Hanna bemerkte, dass Robert wieder seine Unterkieferprothese trug, die man vor Einsetzen des Beatmungsschlauches herausgenommen hatte. Aber das alles war nichts gegen seine Lippen. Denn er hatte sie leicht geöffnet, als wenn er im Tode noch einmal etwas gesagt hätte. Weil er jemanden gesehen hatte.

Hier bin ich !!!

Und dann schob sich ein anderes Bild über Roberts Anblick. Eine Szene aus dem Film *Hachikō,* die Hanna überdeutlich vor sich sah. Wie der Hund auf der anderen Seite ankam und sein Herrchen erblickte. *Da bist du ja endlich,* mochte er in diesem Moment denken. Und er bellte aufgeregt, legte dem Mann die mächtigen Pfoten auf die Schultern und schleckte ihn ab. *Da bist du ja endlich,* mochte auch der Professor denken, der schon länger auf der anderen Seite wartete. Nun war die Reihenfolge umgekehrt. So viele Hunde würden sich im Himmel auf Robert freuen. Nicht nur Bert, der Berner Sennenhund. *Da bist du ja endlich!*

Konnte es denn sein, dass man kurz vor Lebensende ein absolutes Glücksgefühl verspürte? Wissenschaftler, die mit Ratten experimentiert hatten, hielten es für plausibel, dass auch das menschliche Gehirn in dieser Extremsituation eine hohe Dosis an Serotonin ausschüttete, um dem Tod seinen Schrecken zu nehmen. Das alles würde Hanna später nachlesen. Und dabei würde sie Roberts Gesicht vor Augen haben.

Einundzwanzigstes Kapitel

Hanna hatte ihre spirituelle Seite bewusst vernachlässigt. Nach Veröffentlichung ihres autobiografischen Romans, in dem es ja um den Kontakt zu der verstorbenen Zwillingsschwester ging, hatte sie sich nur noch ihren lokalgeschichtlichen Recherchen widmen wollen. *Hatte.* Denn mit Roberts Tod brach ihr Spintisieren, wie es Oma Martha zu nennen pflegte, wieder übermächtig hervor. Dass es ein Jenseits gebe, in dem man ein ähnliches Leben wie im Diesseits führen könne, hatte ihr Heidrun erzählt. Egal wie man darüber dachte - das es nicht schlimm sein konnte, die Seiten zu wechseln, das war in Roberts Gesichtsausdruck deutlich geworden. So heiter, so gelöst hatte er schon lange nicht mehr ausgesehen. Wie Mama bei ihrer letzten Begegnung ...

Offensichtlich war Robert *angekommen.*

Aber sie war allein.

Erneut hatten ihre Kinder den Raum verlassen, damit sie beide im Abschied zu zweit sein konnten. Und genau wie ihre Spiritualität zurückgekehrt war, tat es auch ihre Verzweiflung. Weil keine Chance mehr bestand, dass Robert wieder wach wurde. Dass er mit ihr redete. Mit ihr scherzte. Sie in den Arm nahm. Sie küsste. Nie mehr in seinem Leben würde er das tun. Oder vielleicht doch?

Müde, matt, marode, krank, todkrank, tot.

Jetzt hatte sich Roberts Kreis geschlossen. Am liebsten würde auch Hanna tot sein. Aber ihr war klar, dass sie so etwas nicht einmal denken durfte, geschweige aussprechen. Dennoch tat sie es. Wie sollte sie das alles nur ohne Robert bewältigen? Wie? Wie??? Sie wusste es nicht. Und in diesem Moment fiel ihr Blick auf die grauen Stoppersocken, die man ihm ausgezogen und auf den Nachttisch gelegt hatte. Hanna steckte sie in ihre Handtasche. Diese Socken könnte sie anziehen, wenn sie »Eispfoten« bekam, wie er es gern genannt hatte. Wenn sie sich ihm damit unter der Bettdecke näherte, hatte er oft ein erschrecktes Huch ausgestoßen. Und dann mehr oder weniger bereitwillig die eigenen Füße zum Wärmen zur Verfügung gestellt. Später würde Hanna in der Esoterik-Ecke der Stadtbücherei auf ein interessantes Detail stoßen. Sie las, dass die Moleküle eines Verstorbenen in seinen Kleidungsstücken verbleiben würden, auch wenn man diese in die Waschmaschine steckte. Ja, es gab so vieles, das sich nicht beweisen ließ und dennoch einleuchtend klang. Jedenfalls wenn man eine spirituelle Ader hatte so wie sie.

Nachdem man sich von Robert verabschiedet hatte, fuhren Hanna und Philipp zu Emma nach Duisburg, um das weitere Procedere zu besprechen. Wie gut, dass die beiden ihr sämtliche Anrufe abnahmen! Roberts Geschwister informierten sie und kontaktierten jenes Beerdigungsinstitut, das einst die Beisetzung ihres Opas abgewickelt hatte. Derweil suchte Hanna nach einem neuen Profilbild. Genau wie Robert, der nach Berts Tod das Foto mit der mystischen Morgendämmerung beibehalten hatte, wollte sie etwas, das sie ebenfalls bei WhatsApp belassen könnte. Im Internet wurde sie schließlich fündig. Na ja, das Bild zeigte einen typischen, also recht kitschigen Sonnenuntergang. Doch es war der Text, der Hanna aus der Seele sprach.

Was ich mir wünsche?
Besuchszeiten im Himmel.
Nur für einen kurzen Moment.

Schön wär's ja, würde so mancher sagen, aber *das* sei leider ein Wunschtraum. Doch Hanna wusste es besser. Nein, so abwegig war *das* ganz und gar nicht. Und ein Gedanke, eine Idee formte sich in ihr, ohne dass sie diese mit Worten zu greifen vermochte. Dann sah sie Scarlett

O'Hara aus *Vom Winde verweht* vor sich, wie zuversichtlich sie am Ende des Films wirkte. Trotz ihrer Tränen. Wie sie, untermalt von hochdramatischer Musik, sich an die Familienplantage *Tara* erinnerte. Ihren Rückzugsort, ihre Heimat. Hannas Heldin würde bestimmt eine Lösung einfallen, um Rhett Butler zurückzugewinnen, der sie gerade verlassen hatte. Endgültig, wie er sagte. Was aus ihr werde, das sei ihm vollkommen egal. Scarlett würde sicherlich einen Weg finden. Doch wie? Darüber wollte sie erst am nächsten Tag nachdenken. Und genau das wollte Hanna auch. »After all, tomorrow is another day ...«

An diese andere Welt, in der alles so hell und licht und grenzenlos war, würde er sich erst gewöhnen müssen. Es war, als betrachte man seine Umgebung durch ein gigantisches Weitwinkelobjektiv. So viele Eindrücke! Er, der so antriebslos gewesen war, verspürte plötzlich so viel physikalische Energie, dass sie seinen Körper zu sprengen drohte. Mit welcher Formel sich diese berechnen ließe? Das hätte er, der auch Physik unterrichtet hatte, nicht zu sagen vermocht. Es war überwältigend, mehr fiel ihm nicht dazu ein. Hanna würde es sicherlich problemlos gelingen, all das in Worte zu fassen, sie war ja die Meisterin der Formulierungen. Im Gegensatz zu ihm.

Hanna! Bei allem Neuen durfte er nicht vergessen, sich bei ihr zu melden. Natürlich würde sie nicht daran zweifeln, dass er weiterleben würde. Damals hatte er ihre Spiritualität ein wenig belächelt, doch nun musste er sich eingestehen, dass sie ihm vorausgewesen war. Sein Tod, obwohl er lieber von »Übergang« sprechen wollte, würde sie zutiefst treffen. Aber wäre er nicht immer noch bei ihr – im Geiste sozusagen? Eine Verbundenheit ohne Worte, wie beide sie zeitlebens gespürt hatten. Warum sollte das jetzt nicht mehr so sein? Wo er doch lediglich woanders lebte.

Ja, d a s musste er Hanna unbedingt übermitteln ...

Als sie ins Bett ging, ließ sie Festnetztelefon und Handy im Esszimmer liegen. Jeder Anruf, der sie heute Abend erreichen würde, konnte getrost bis zum nächsten Tag warten. Und weil sie keinen Chardonnay oder anderen Weißwein mehr hatte, ging sie an Roberts Rotweinvorrat. Er hatte stets rote Trauben bevorzugt und heute würde auch sie es tun. Um mit ihm eins zu sein, würde sie sich die notwendige Bettschwere antrinken. *Rotwein ist für alte Knaben eine von den besten Gaben,* so hatte er gerne Wilhelm Busch zitiert und sich abends genussvoll ein oder zwei Gläser genehmigt. Auch Philipp hatte sich zurückgezogen, wahrscheinlich telefonierte er mit seiner Freundin in den USA. Eine halbe Flasche später war sie tief und fest eingeschlafen. Obwohl sie nicht geglaubt hatte, in dieser Nacht überhaupt in den Schlaf finden zu können.

Bei der Kurzpredigt im Radio, die tagtäglich zur Frühstückszeit lief, hörte sie nicht immer genau hin. Doch heute horchte sie auf. Weil Udo Lindenbergs Name und der Titel *Horizont* fielen. Dass eine Story hinter dem Song steckte, erfuhr sie also an dem Tag nach Roberts Tod. Udo habe das Lied für eine enge Freundin geschrieben, die gänzlich unerwartet verstorben war. Sie sei die Frau »hinterm Horizont«. Gut, dass Hanna damals, beim Lehrerausflug, nichts davon gewusst hatte.

Du und ich, das war einfach unschlagbar
Ein Paar wie Blitz und Donner …
Doch zwei wie wir, die können sich nie verlier'n …

Und sie vernahm jenes *Doch.* Warum war es ihr bisher nie aufgefallen? Das kleine Wort, so hörte sie, sollte den Trotz in der Trauer ausdrücken, wenn man einen geliebten Menschen verloren hatte und dennoch spürte, dass die Verbindung niemals abreißen würde. Auch das war ihrer beider Geschichte, der Epilog sozusagen. Und sie fühlte sich, am Tag 2 ihrer neuen Zeitrechnung, auf eigentümliche Weise getröstet …

Epilog

Hanna allein zu Haus.

Morgens im Bett liegen zu bleiben, weil ihr die warme Decke Geborgenheit suggerierte, war keine gute Idee. Denn in diesen Momenten, in denen sie das Aufstehen hinauszögerte, fuhren ihre Gedanken Karussell. Meistens rasten sie, wie in einer Achterbahn, wild umher. Und mehr *ab* als *auf*. Am liebsten hätte sie »Halt!« gerufen. Man solle sie bitte aussteigen lassen! Doch die Fahrt ging unaufhörlich weiter. Jeder Tag, der vor ihr lag, war eine Herausforderung. *Was* würde sie heute *wie wo wann* zu bewältigen haben? Robert fehlte ihr überall, doch sie wusste, dass sie mit seinem Tod die richtige Entscheidung getroffen hatte. Sein Tod? Für Hanna, die Spirituelle, war »Tod« ein relativer Begriff. Sie glaubte fest daran, dass er in einer anderen Welt lebte.

Wie würde es ihm dort gehen?
Würde er auch ständig an sie denken?
Ach, würde sie doch einmal Mäuschen spielen können!

* * *

Inzwischen war Philipp in sein Studentenleben zurückgekehrt und fuhr, wenn nichts außer der Reihe anlag, an jedem zweiten Wochenende nach Hause. So wie er es früher gemacht hatte. Auch Emma und ihre Familie guckten regelmäßig vorbei. Das waren Hannas hellere Tage. An den anderen, den dauerdunklen, bummelte sie ziellos durch die Stadt oder traf sich mit Freundinnen. Oder sie blieb zuhause, setzte sich in Roberts Sofa-Ecke und las sich weg. In das Schicksal fiktiver Personen, die sich in einer ähnlichen Situation befinden mussten wie sie selbst, vielleicht konnte sie von ihnen lernen. Oder sie hörte sich auf *YouTube* Jenseits-Meditationen an. Ihr Gedankenkarussell dabei zum Stillstand zu zwingen, fiel ihr immens schwer. Doch nur, wenn der Kopf leer war – das hatte sie mal irgendwo gelesen - würden sich die Verstorbenen bei ihren Angehörigen melden. Auf welche Weise auch immer.

***

An diesem Nachmittag saß Hanna, mit einer Tasse Tee, am Esstisch und betrachtete fasziniert ihre rechte Hand. Denn am Mittelfinger blitzte ein anderer und dennoch vertrauter Ring. Soeben war sie von ihrem Lieblingsjuwelier zurückgekommen, der, auch wegen seines Goldschmiede-Ateliers, überregionale Bekanntheit genoss. Die Bande zu dem exquisiten Geschäft ging bis in Hannas erstes Schuljahr zurück, der Ehemann der Gründerin war ihr Klassenlehrer gewesen. Und hier hatte Robert so manch hochkarätiges Geschenk für sie erworben.

Die nette Verkäuferin, von der sich beide mit Vorliebe beraten ließen, war entsetzt, als Hanna zu erzählen anfing und nahm sie mitfühlend in den Arm. Ob es möglich sei, aus ihrem Ehering einen Vorsteckring zu machen, den sie zusammen mit dem Ring ihres Mannes tragen könne? Doch die Fachverkäuferin, die ihre Berufsbezeichnung zu Recht verdiente, hatte eine bessere Idee. Warum nicht die Trauringe zusammenschmieden? Dadurch würden Robert und sie immer eine Einheit bleiben, dachte Hanna sofort und ihr Schniefen ließ augenblicklich nach. Eine kurze Rücksprache mit der Werkstatt, dann unterbreitete die Verkäuferin ihren Vorschlag – das Ringpaar mit einer Gold-Platte zu versehen und dort kleine Diamanten einzuarbeiten. Wie ein nächtlicher Sternenhimmel würde das funkeln! Hanna konnte es direkt vor sich sehen. Und musste an ein weiteres Zitat aus *Der kleine Prinz* denken:

Wenn du in der Nacht den Himmel betrachtest [...] dann wird es für dich so sein, als ob alle Sterne lachen, weil ich auf einem von ihnen lache. Du allein hast Sterne, die lachen können!

Ja, ihrer beider Eheringe tagtäglich am Finger zu tragen, auch das war ein Teil ihrer Verantwortung gegenüber Robert. Aber nun tauchte ein Problem auf, mit dem sie nicht gerechnet hatte. Ihr eigener Ring, den sie nun ablegen musste, bewegte sich nicht über ihr Arthrose-verdicktes Fingergelenk, weder mit Creme noch mit Seife. Als würde er sagen *Hier bin ich und hier bleibe ich auch – komme, was wolle.* Was dann kam, war eine manuelle Kreissäge, extra für solche Zwecke konzipiert. Es täte nicht weh, versprach die Verkäuferin. Und selbst wenn - gegenüber dem Schmerz, den sie über Roberts Tod empfand, wäre das nur ein Klacks gewesen, dachte Hanna. Dass der umgearbeitete Ring nur auf den gesunden Mittelfinger passen würde, störte sie nicht. Denn es war die Anwesenheit dieses Symbols, die zählte. Und sonst nichts.

* * *

Seitdem Hanna allein war, ging sie überaus zeitig zu Bett. Ihr bewährter Rückzugsort, nur mit dem Unterschied, dass Robert damals im Wohnzimmer gesessen und ferngesehen hatte. Der Nachmittag beim Juwelier war aufwühlend gewesen, also wollte sie sich auch heute früh hinlegen. Und einen erneuten Meditations-Versuch starten, vielleicht würde sie dadurch ruhiger werden. Ihre Gedanken auszuschalten, ob ihr das an diesem Abend endlich gelingen würde? Eigentlich ein Unding, nichts zu denken, dachte sie. Jetzt würde sie ja erneut denken! Atme ein, befahl sie sich, atme aus. Atme ein, atme aus. Und konzentriere dich auf die Atemluft, wie sie ihren Weg durch den Körper nimmt! Diesen Tipp hatte sie aus dem Internet. Während sie sich auf Roberts Bettseite ausstreckte, schloss sie sanft ihre Augen und spürte, wie Renée zu ihr kam und sich an ihre Beine schmiegte. Eine Wärmeflasche aus Fell, die auf einmal miaute und ihre Öhrchen spitzte.

Und dann passierte *es*.

Vor Hannas innerem Auge entwickelte sich ein Bild. Wie in einer Dunkelkammer. Zuerst sah sie nur schwarz-weiß-graue Schichten mit einem hellen Punkt in der Mitte. Aber dann schien dieser immer größer zu werden! Gebannt hielt Hanna, die ruhig hatte ein- und ausatmen wollen, die Luft an. Jetzt glich der Punkt einem funkelnden Stern, der sich um die eigene Achse drehte und wahre Pirouetten vollführte. Nein, das war *kein* Stern, dämmerte es ihr plötzlich. Es war *ihr gemeinsamer Ring,* dessen Diamanten so glitzerten. Und immer noch rotierte er um sich selbst, als wäre er ein Model auf einem imaginären Catwalk.

Doch als sie genauer hinsah, bemerkte sie, dass sich das Bild veränderte. Die monochromen Schichten begannen zu wabern und schoben sich übereinander, wie Nebelschwaden an einem Novembertag. Und im selben Moment fühlte sie eine zarte, fast zärtliche Berührung an ihrer Schulter. Sollte das Roberts Hand sein? Von einem Medium würde sie später erfahren, dass es seine physikalische Energie gewesen war, die man mit einer Spezialkamera hätte ablichten können. Hätte.

Und danach sah sie ihn.

Einen Bilderrahmen in Herzform. Doch einen solchen Rahmen gab es zuhause nicht, wollte sie schon denken. Schon wieder dieses verflixte Denken! Mist, würde sie es denn nie lernen? Aber dann stockte ihr der Atem. Was sie in diesem Rahmen erblickte, das kannte sie sehr wohl. Es war ihr Hochzeitsporträt, welches auf der Kredenz stand. Für den Bruchteil einer Sekunde konnte sie es vor sich sehen, klar und deutlich. Wie sie beide auf der Fotografie strahlten, trunken vor Glück. Hanna konnte es nicht fassen, wollte diese Erscheinung unbedingt festhalten. Doch das Bild verflüchtigte sich und alles war wieder dunkel. Und Hanna sprang, wie von einer Tarantel gestochen, aus dem Bett. Ohne ihre Schlappen zu suchen, lief sie ins Esszimmer.

Das hatte sie nicht geträumt, *das* war Wirklichkeit gewesen! Deshalb musste sie alles auf der Stelle aufschreiben, weil sie sonst nicht würde glauben können, dass es so, *genauso,* passiert sei. Nicht *sei,* korrigierte sie den Konjunktiv, der Aussagen einen Hauch von Unsicherheit verlieh. Dass ein Satz eventuell nicht stimmte. Daher musste es *war* heißen. Weil es tatsächlich passiert *war,* sie hatte es mit eigenen Augen gesehen.

Da wusste Hanna, dass Robert gerade bei ihr gewesen war. Und dass er ihr etwas hatte signalisieren wollen. *Denk an den Ring!* War das seine Botschaft? Dass er noch immer bei ihr sein werde? Und dass ihre Liebe ewig andauere? Ja, wir werden eine Fernbeziehung führen, dachte Hanna, die nun wieder denken wollte. Oder hatte Robert ihr diesen Gedanken eingegeben? Und eines Tages würden sie sich beide wiedersehen - in einem Land *nach* unserer Zeit. Da flashte eine Liedzeile durch ihr Gehirn, die sie auswendig wusste. *Die Chance, dass wir beide uns treffen, ging gegen Null und doch stehen wir jetzt hier.* Heute aber hörte sie weiter: *Wenn wir uns begegnen, dann leuchten wir auf wie Kometen.* Ein Feuerwerk der Gefühle würde explodieren, wenn sie einander in die Arme fallen könnten.

D a b i s t d u j a e n d l i c h !

Was für ein magischer Moment.

Während Renée leise schnarchte, merkte auch Hanna, wie müde sie geworden war. Nein, nicht erschöpft müde, sondern wohlig müde. So geborgen, so zuversichtlich hatte sie sich seit langem nicht mehr gefühlt. Und dann schlief sie ebenfalls ein. *Mit ohne* Robert.

Nachbemerkungen und Nachweise

Das Leben ist nicht fair.

Diesen Satz hört man oft. Genauso habe ich es empfunden, als mein Mann, mit dem ich 34 Jahre zusammen gewesen bin, innerhalb von gerade einmal 17 Tagen gestorben ist. Ob ihn, der sein halbes Leben lang Mathematik und Physik unterrichtet hat, die Korrelation zwischen den beiden Zahlen interessiert hätte? So lange und dann so kurz - dieses krasse Missverhältnis von Zeit macht mich immer noch fassungslos.

Als der Schmerz um Norberts Tod mich zu verschlingen drohte, habe ich mich an die literaturgeschichtlichen Vorlesungen meines Doktorvaters erinnert, aus denen noch manches präsent war. Auch Trivia wie Goethes Liebesleben. So schlitterte der Dichter, nachdem seine Liebe zu Charlotte Buff gescheitert war, in eine gewaltige Lebenskrise hinein, die ihn gleichfalls zu verschlingen drohte. Doch mit dem Briefroman *Die Leiden des jungen Werthers* schrieb er sich seinen Kummer von der Seele - und gesundete. Eine Therapiemöglichkeit, dachte ich, für die man kein Rezept und auch kein Copyright braucht. Nicht dass ich mich literarisch mit Goethe auf dieselbe Stufe stellen möchte! Das wäre vermessen. Aber auch für mich sollte das Schreiben zum Rettungsanker werden, der mir in den Untiefen meiner Trauer Halt gegeben hat.

~~~

Während der Dichterfürst mich lediglich angespornt hat, haben mir viele andere Personen zur Seite gestanden und mich, auf ihre eigene Weise, unterstützt. Ihnen allen möchte ich von Herzen *danke* sagen.
~~~

Ein besonderes Dankeschön verdient meine Lektorin Gesina Stärz, deren Fachkompetenz auch diesmal unschätzbar wertvoll für mich gewesen ist. Denn ein zweiter Kopf, der einen Text durchdenkt (und der möglichst nicht dem Familien- oder Freundeskreis angehören sollte), ist unerlässlich, wenn man schreibt. Gesina Stärz ist der beste »Kopf«, den ich mir vorstellen kann. Sie hat *Angekommen* den letzten Schliff gegeben und mir den Mut, mit diesem sensiblen Thema überhaupt an die Öffentlichkeit zu gehen. Ihre Empathie hat mir dabei sehr gut getan.

Klare Sache, dass meine Kinder ebenfalls nicht unerwähnt bleiben dürfen. Vicky und Jonas haben, inhaltlich wie sprachlich, Korrektur gelesen und mich bezüglich Medizin und Musik beraten. Beide spielen in meinem Buch eine wichtige Rolle - und in meinem Leben erst recht.

Und da wäre noch Norbert zu nennen.
Ihm gebührt mein ganz spezieller Dank.

Wie denn das möglich sei, mag sich jetzt so mancher fragen. Die Antwort ist ganz einfach: Ich bin, genau wie meine Protagonistin, spirituell unterwegs und kann die Verbundenheit zu meinem Mann nicht nur fühlen, sondern sie sogar konkret wahrnehmen. Auch beim Schreiben meines Romans. Bis dass der Tod uns scheidet - nein, diese Formel stimmt für mich nicht. Das weiß ich, seitdem ich »rein zufällig« (oder auch nicht) Petra Steininger kennengelernt habe. Was hat Albert Schweitzer so schön gesagt? *Der Zufall ist das Pseudonym, das der liebe Gott wählt, wenn er inkognito bleiben will.* Wie wahr diese Worte sind! Denn Petra ist zu meiner medialen Lehrerin geworden und darüber hinaus zu einer guten Freundin. Und sie hat mich mit Evelyn Beyer-Reiners bekannt gemacht, die mit atemberaubender Begabung Kontakt zu meinem Mann herstellen konnte. So vieles ist eben doch möglich …

Aus den folgenden Quellen habe ich in meinem Buch zitiert:

S.9 *Vergessene Wortschätze,* DUDEN-Kalender 2022 (10./11.12.2022)

S.13 https://www.songtexte.com/songtext/max-giesinger/80-millionen-1b12b968.html

S.33 Antoine de Saint-Exupéry: *Der kleine Prinz* (zweisprachig, mit den originalen Zeichnungen des Verfassers), Weimar 3. korrigierte Auflage, 2017, S.107

S.44 Walter Kempowski: *Tadellöser & Wolff.* Ein bürgerlicher Roman, Hamburg 1980, S.119

S.46 ebd., S.169

S.61 https://youtu.be/hL_DkiV7Hmw?si=o3GuxVDEDZqxfOhe

S.69 https://www.songtexte.com/songtext/udo-lindenberg/horizont-1bda7508.html

S.122 Antoine de Saint-Exupéry, a.a.O., S.129

S.125 s. S.13

Dr. Jutta Meise

Dinslaken, im März 2024